DROEMER

Über den Autor:
Hamed Abdel-Samad, geboren 1972 bei Kairo, studierte Englisch, Französisch, Japanisch und Politik. Er arbeitete für die UNESCO, am Lehrstuhl für Islamwissenschaft der Universität Erfurt und am Institut für Jüdische Geschichte und Kultur der Universität München. Abdel-Samad ist Mitglied der Deutschen Islam Konferenz und zählt zu den profiliertesten islamischen Intellektuellen im deutschsprachigen Raum.
Seine Autobiographie »Mein Abschied vom Himmel« sorgte für Aufsehen (Knaur Taschenbuch 2010): »Was er von seinen Landsleuten erwartet, hat er selbst vorgemacht: Aufklärung durch Tabubruch.« *ZDF Aspekte*

Hamed Abdel-Samad

Der islamische Faschismus

Eine Analyse

Besuchen Sie uns im Internet:
www.droemer.de

Unveränderte Taschenbuchausgabe September 2015
Droemer Taschenbuch
© 2014 Droemer Verlag
Ein Imprint der Verlagsgruppe
Droemer Knaur GmbH & Co. KG, München
Alle Rechte vorbehalten. Das Werk darf – auch teilweise –
nur mit Genehmigung des Verlags wiedergegeben werden.
Redaktion Heike Gronemeier
Covergestaltung: ZERO Werbeagentur, München
Coverabbildung: FinePic®, München
Satz: Sandra Hacke, Mediengestaltung
Druck und Bindung: CPI books GmbH, Leck
ISBN 978-3-426-30075-6

5 4 3 2 1

Für meine liebe Mutter.
Sie bat mich, dieses Buch nicht zu veröffentlichen,
obwohl sie wusste,
dass ich dieser Bitte nicht nachkommen kann.

Inhalt

»Wanted Dead«

Einmal sah ich auf Facebook ein mit Photoshop gefaktes Bild. Ein böse dreinblickender, bärtiger Mann hält ein Plakat hoch, auf dem geschrieben steht: »Enthauptet diejenigen, die behaupten, der Islam sei die Religion der Gewalt.« Ich habe herzlich gelacht über diese elegante und doch sehr treffende Beschreibung der bitteren Realität. Das Lachen blieb mir jedoch im Hals stecken, als ich plötzlich mein eigenes Porträt auf Facebook entdeckte, versehen mit dem Schriftzug »Wanted Dead«.

Anlass für diesen Mordaufruf war ein Vortrag, den ich am 4. Juni 2013 in Kairo gehalten hatte. Das Thema: Religiöser Faschismus in Ägypten. Ich vertrat darin die These, dass faschistoides Gedankengut nicht erst mit dem Aufstieg der Muslimbrüder Eingang in den Islam gefunden habe, sondern bereits in der Urgeschichte des Islam begründet sei. Ich argumentierte, dass der Islam die religiöse Vielfalt auf der arabischen Halbinsel beendet habe, von seinen Anhängern unbedingten Gehorsam verlange, keine abweichenden Meinungen dulde und nach der Weltherrschaft strebe. Da diese Geisteshaltung im Islam dominanter sei als andere Aspekte dieser Religion, könne man daher von »Islamofaschismus« sprechen.

Ein Video mit den provokanten Thesen meines Vortrags wurde im Netz veröffentlicht und dort kontrovers diskutiert. Kurz darauf kam eine Gruppe islamischer Gelehrter zusammen, um meine Argumente live im Fernsehen zu entkräften. Nachdem sie zahlreiche Beispiele aus der Biographie des Propheten und aus dem Koran zitiert

hatten, die beweisen sollten, dass der Islam Vielfalt und andere Meinungen akzeptiert, debattierten sie darüber, wie ich für meine Verunglimpfung des Islam bestraft werden sollte. Das Urteil fiel schnell und einstimmig: Ich sollte getötet werden! Darüber, wie das vonstattengehen und wer meinen Tod anzuordnen habe, herrschte indes Uneinigkeit. Einer sagte, man solle mir die Möglichkeit einräumen, Reue zu zeigen und zum Islam zurückzukehren. Erst wenn ich das ablehnte, sei ich zu töten. Ein Professor von der renommierten Al-Azhar-Universität sowie der Anführer der Terrorbewegung Dschamaa Islamiyya forderten meinen sofortigen Tod; da ich auch den Propheten beleidigt hätte, helfe weder Reue, noch müsse irgendjemand offiziell ankündigen, dass ich zum Abschuss freigegeben sei. Zur Untermauerung zitierte der Universitätsgelehrte eine Geschichte aus dem Leben Mohameds: Der Prophet entdeckte vor seiner Moschee einmal eine getötete Frau. Er fragte die Betenden, wer sie umgebracht habe. Ein blinder Mann erhob sich und sagte: »Ich habe sie getötet, Prophet Gottes. Sie ist meine Sklavin, und ich habe von ihr zwei kleine Kinder, die zwei Perlen gleich sind. Doch gestern hat sie dich, Prophet Gottes, beleidigt. Ich habe sie aufgefordert, dich nicht mehr zu schimpfen, aber sie wiederholte, was sie gesagt hatte. Ich konnte das nicht aushalten und habe sie umgebracht.« Mohamed sagte daraufhin: »Ihr seid meine Zeugen, das Blut dieser Frau ist zu Recht geflossen!«
Diese Geschichte wird immer wieder zitiert, wenn Islamisten eine Rechtfertigung dafür brauchen, warum es aus ihrer Sicht legitim ist, jemanden, der den Propheten beleidigt hat, mit dem sofortigen Tod ohne Verfahren und Anspruch auf Verteidigung zu strafen.

Es dauerte nicht lange, bis sich auch der einflussreiche ägyptische Salafist Abu-Ishaq Al-Huwayni via Fernsehen zu meinem Fall äußerte. Al-Huwayni hält sich häufig in Deutschland auf, um dort Salafisten auszubilden. Einer seiner Schüler ist der Konvertit Pierre Vogel. Al-Huwayni verkündete, dass von nun an bis in alle Ewigkeit zwischen uns das Prinzip der Blutrache gelte.

All diese Gelehrten bewegen sich in einem so geschlossenen ideologischen Kreis, dass sie überhaupt nicht merkten, dass ihr Urteil meine Argumente nur bekräftigte. Sie vergöttern ihren »Führer« Mohamed so sehr, dass sie jeden töten wollen, der ihn angreift, und sei es nur verbal. Sie glauben, jemanden töten zu können, nur weil er anders über das denkt, was ihnen heilig ist. Wie sollte man das anders nennen als islamischen Faschismus?

Normalerweise müssten selbst nach ägyptischem Recht die Männer, die zum Mord an mir aufgerufen haben, sofort verhaftet werden. Aber gerade diese Fundamentalisten brauchte der damalige Präsident Mursi, um seine Gegner einzuschüchtern. Der gleiche Al-Azhar-Professor, der meine Tötung gefordert hatte, hatte wenige Wochen zuvor zum Mord an dem Oppositionspolitiker Mohamed El-Baradei aufgerufen. Auch damals war nichts gegen ihn unternommen worden.

In meinem Fall vermehrten sich die Mordaufrufe im Netz mit beängstigender Geschwindigkeit. In Tunesien wurde das Video meines Vortrags von Islamisten missbraucht, um die gesamte säkulare Opposition im Land zu verunglimpfen. Meine Meinung wurde stellvertretend allen Kritikern übergestülpt, um sie mundtot zu machen. Nach dem Motto: Gegen diejenigen, die den Islam mit

Faschismus gleichsetzen, muss sich jeder aufrechte Muslim erheben.

Nach dem Vortrag musste ich einige Wochen untertauchen, seit meiner Rückkehr nach Deutschland stehe ich unter Polizeischutz. Auch in Deutschland gibt es viele Fanatiker, die mich tot sehen wollen. Der damalige deutsche Außenminister Guido Westerwelle verurteilte im Rahmen einer Pressekonferenz den Mordaufruf und forderte die ägyptische Regierung auf, für meine Sicherheit zu sorgen. Nur eine Woche später lud Mursi Assem Abdel-Maged, einen der Hetzer, der meinen Tod gefordert hatte, zu einer Veranstaltung ein und umarmte ihn vor laufender Kamera. Dennoch sprach Westerwelle von einem »Rückschlag für die Demokratie«, als Mursi von der Armee abgesetzt wurde. Würde man Demokratie nur darauf reduzieren, dass es freie Wahlen gibt, dann hätte der damalige Außenminister recht. Demokratie ist aber viel mehr. Eine politische Kultur, eine Geisteshaltung, von der Mursi und seine Muslimbruderschaft Lichtjahre entfernt waren und nach wie vor sind.

Immerhin: Nach dem Sturz Mursis wurden Haftbefehle gegen zwei der Hetzer erlassen. Die drei TV-Sender, die die Mordaufrufe verbreitet hatten, wurden per Dekret der Armee geschlossen. Es entbehrt nicht einer gewissen Ironie, dass das Bild von Assem Abdel-Maged in der Regierungszeitung *Al-Ahram* unter der Überschrift »Wanted« veröffentlicht wurde.

Dennoch erhalte ich bis heute Morddrohungen. Denn Fanatiker sind nicht nur gefährlich, wenn sie an der Macht sind, im Gegenteil. Angeschlagene Islamisten, die sich als Opfer sehen, sind viel gefährlicher und unberechenbarer. Um mich selbst habe ich keine Angst. Ich

schreibe und halte meine Vorträge weiter. Ich mache mir
nur Sorgen um meine ägyptische Familie, die inzwischen
ebenfalls mit Beschimpfungen und Drohungen überzogen wird. Sie können meine Bewegungsfreiheit ein-
schränken, aber meine Gedanken können diese Fanatiker nicht erdrosseln. Die Hetzkampagne gegen mich hat
meinen Leserkreis in Ägypten und in anderen arabischen
Staaten vergrößert. Ich erfahre viel Zustimmung und Solidarität von Kreisen, die mir bislang verschlossen waren.
Menschen aus Deutschland, der Schweiz und Österreich
schrieben mir solidarische Mails, manche boten mir sogar Unterschlupf in ihren Häusern an. Unter den vielen
Nachrichten, die mich über Facebook aus Ägypten erreichen, habe ich mich über eine besonders gefreut. Ein junger Ägypter schrieb mir: Ich danke den Terroristen dafür,
dass sie mich mit Ihnen und Ihren Gedanken bekannt
gemacht haben. Bitte machen Sie weiter!
Dieses Buch ist ein wichtiges Element dieses »Weiter-
machens« – auch wenn ich damit noch tiefer in das Wes-
pennest stechen werde als mit meinen Vorträgen zum
Thema Islam und Faschismus. Doch je heftiger die Reaktionen ausfallen werden, umso mehr wird die Maske
des vermeintlich moderaten Islam, der sich angeblich mit
Demokratie vereinbaren lasse, verrutschen.
Im Folgenden werde ich die totalitären Elemente des
Islamismus mit denen des Faschismus vergleichen. Ein
Kapitel wird sich der Entstehung und Entwicklung der
Muslimbruderschaft widmen und deren ideologische
und programmatische Nähe zu den faschistischen Bewegungen im Europa der zwanziger und dreißiger Jahren des vergangenen Jahrhunderts aufzeigen. Möglicherweise werden sowohl Ewiggestrige als auch Islamisten

gegen diesen Vergleich aufbegehren, ihn vielleicht als beleidigend empfinden. Auch viele Antiislamisten und Antifaschisten werden ihn vielleicht ablehnen, da sie darin wahlweise eine Relativierung oder Überhöhung des jeweiligen Phänomens sehen könnten. So geschehen in Deutschland Mitte der achtziger Jahre, als der Historiker Ernst Nolte die Singularität des Holocaust in Frage stellte; Konzentrationslager und »Endlösung« seien eine Reaktion auf Massenausrottungen und Gulags in der Sowjetunion gewesen. Der Philosoph Jürgen Habermas war einer derjenigen, die diesen Vergleich scharf kritisierten. Habermas sah darin »Revisionismus«, den Versuch, ein deutsches »Nationalbewusstsein« zu erneuern, indem man eine »entmoralisierte Vergangenheit« abschüttele.

Die meisten Totalitarismustheorien basieren auf einem Vergleich zwischen Stalinismus und Nationalsozialismus. Was die Herrschaftsstrukturen und auch die Ausrottungsmethoden dieser totalitären Systeme angeht, gibt es deutliche Überschneidungen. Der Vergleich zweier Phänomene oder Systeme bedeutet aber nicht, sie automatisch gleichzusetzen.

Wie ich bereits erwähnt habe, scheint es auf den ersten Blick nicht ganz unproblematisch, Strukturen und Kernaussagen des vergleichsweise jungen Faschismus auf eine über 1400 Jahre alte Religion zu übertragen. Einfacher wird es, wenn man die Bewegungen des politischen Islam in den Mittelpunkt stellt, die fast zeitgleich mit dem europäischen Faschismus entstanden sind. Und ausgehend davon einen Blick in die Vergangenheit und die Gegenwart wirft. Genauso wie der Faschismus in Italien und Deutschland nicht im luftleeren Raum entstanden ist, sondern Wurzeln hat, die weiter zurückgehen, gibt es diese Wurzeln auch im Islam. Ein Kapitel dieses Buches widmet sich deshalb der Entstehungsgeschichte des Islam und zeigt, welchen Einfluss der Ur-Islam auf die heutige Politik in der islamischen Welt hat. Ich werde mich mit Vordenkern beschäftigen und aufzeigen, in welchen Phasen der Geschichte sie auf besonders offene Ohren stießen. Weitere Kapitel werden sich mit dem Dschihad-Prinzip, dem Zusammenhang zwischen islamischer Sexualmoral und diesem Prinzip, dem Terrorismus, dem schiitischen Faschismus und Islamismus in Europa beschäftigen. Beginnen möchte ich aber mit den Merkmalen des Ur-Faschismus, die man durchaus auch als die Ur-Prinzipien des politischen Islam verstehen kann.

Kapitel 1

Faschismus und Islamismus –
ein ungleiches Paar?

Der Faschismus ist eine Art »politische Religion«. Seine Anhänger glauben, im Besitz der absoluten Wahrheit zu sein. Ganz oben in der Hierarchie steht der charismatische unfehlbare Führer, der mit einem heiligen Auftrag ausgestattet ist, um die Nation zu einen und die Feinde zu besiegen. Die faschistische Ideologie vergiftet ihre Anhänger mit Ressentiments und Hass, teilt die Welt in Freund und Feind ein und droht Gegnern mit Vergeltung. Sie richtet sich gegen die Moderne, die Aufklärung, den Marxismus und die Juden und glorifiziert Militarismus und Opferbereitschaft bis in den Tod.

All diese Eigenschaften treffen auch auf den modernen Islamismus zu, der zeitgleich mit dem Faschismus in den zwanziger Jahren des letzten Jahrhunderts entstanden ist. Sowohl der Faschismus als auch der Islamismus sind aus einem Gefühl der Niederlage und Erniedrigung hevorgegangen. Beide Strömungen eint das Ziel, ein Imperium zu errichten – die Weltherrschaft als quasi verbrieftes Recht –, dem die totale Vernichtung seiner Feinde vorausgeht. Die eine Bewegung glaubt an die Überlegenheit der arischen Rasse, die andere ist überzeugt von der moralischen Überlegenheit der Muslime gegenüber dem ungläubigen Rest der Menschheit.

Als Benito Mussolini in Italien seine faschistische Bewegung gründete, träumte er davon, an die glorreichen Tage des Römischen Reiches anzuknüpfen. Diese nostal-

gische Sehnsucht teilte auch Hassan Al-Banna, als er
die Muslimbruderschaft wenige Jahre nach Mussolinis
Aufstieg gründete. Er beschwor ebenfalls die große
Vergangenheit. Der tunesisch-französische Schriftsteller
Abdel-Wahhab Meddeb sieht ein zentrales Problem der
islamischen Welt darin, dass die Muslime sich nicht damit
abfinden können, nicht mehr – wie noch im Mittelalter –
die führende Macht in der Welt zu sein. Die Diskrepanz
zwischen einer stolzen Vergangenheit und der bitteren
Realität der Gegenwart sieht er als eine der Hauptquellen
für Ressentiments gegen den Westen. Eine Dauerkrän-
kung der islamischen Welt sozusagen, entstanden aus
dem subjektiven Gefühl, von der Welt und der Geschichte ungerecht behandelt worden zu sein. Diese
Kränkung, gepaart mit einer Überhöhung der Vergangenheit, ist ein wichtiger Motor des islamischen Faschismus.

Eckpfeiler des Ur-Faschismus

Der italienische Literat, Semiotiker und Philosoph Umberto Eco listet in seinem Werk »Vier moralische Schriften« vierzehn Merkmale des Ur-Faschismus auf. Eines
dieser Merkmale ist der »Kult der Überlieferung«: Es
kann keinen Fortschritt des Wissens geben, da die Wahrheit bereits offenbart wurde. Nicht um eigenständiges
Denken und Lernen geht es also, schon gar nicht um eine
kritische Analyse, sondern um das strikte Befolgen der
offenbarten Botschaft.
Dieser »Kult der Überlieferung« ist ein zentraler Aspekt

des islamischen Denkens: Es gilt die Unantastbarkeit des Koran, in dem alles Wissen enthalten ist. Der politische Islam fühlt sich mit einem Auftrag Gottes versehen, der, losgelöst von Zeit, Raum und Realität, erfüllt werden muss. Salafisten und Dschihadisten verteufeln eine zeitgemäße Interpretation der Texte, denn die Gebote Gottes dürfe der Mensch nicht umdeuten. Für sie spielt es keine Rolle, dass ein Muslim, der die heiligen Texte seiner Religion wortwörtlich nimmt, es oft schwer hat, sich in der modernen Welt zurechtzufinden, die ambivalent ist und sich ständig ändert. Die Moderne ist für sie per se Ausdruck dessen, wie weit der Mensch kommen kann, wenn er sich vom wahren Glauben entfernt hat.

Für Eco ist die Ablehnung von Moderne und Aufklärung ein weiteres Merkmal des Ur-Faschismus, das verbunden ist mit einem Hang zum Irrationalismus. Ablehnung von Kritik, Angst vor dem Fremden, Sexismus und Machismus sind weitere Kernpunkte. Der Faschismus lebe, so Eco, von der Obsession, »die anderen« hätten sich gegen einen verschworen. Zu diesem Verfolgungswahn gesellt sich ein permanentes Gefühl der Demütigung, des Zukurz-gekommen-Seins und ein daraus erwachsender Rachedurst. Hier wird der Kampf zum Selbstzweck. Denn es ist kein Kampf ums Überleben, sondern ein Leben für den Kampf. Eine Vorstellung, die sich eins zu eins im islamischen Dschihad-Prinzip findet. Der Dschihad wird im Islam nicht nur als Mittel der Selbstverteidigung, sondern als Dienst an Gott verstanden, der bis ans Ende aller Tage geleistet werden muss. Und am Ende dieser Tage wird die Weltherrschaft stehen, alle Feinde, alle Ungläubigen werden bekehrt oder ausgelöscht sein.

Eine weitere Parallele kann man mit folgender These zu-

sammenfassen: Faschismus und Islamismus sind Krank-
heiten »verspäteter Nationen« oder solcher, die auf eine
glorreiche Geschichte zurückblicken, sich nun aber in
einem Prozess des Zerfalls befinden. Der Faschismus
konnte sich zunächst in Italien durchsetzen, bevor er
sich in anderen europäischen Staaten verbreitete. Warum
gerade in Italien? Das Land befand sich zu diesem Zeitpunkt in einem unvollendeten Einigungsprozess, die
politischen Parteien zerfleischten sich gegenseitig, man
fühlte sich durch die Pariser Vorortverträge über den
Tisch gezogen, die Wirtschaft lag am Boden, und die
Furcht vor einer bolschewistischen Revolution ging um.
Zudem war das Land zutiefst katholisch. Das Fundament
der mächtigen Kirche fußte unter anderem auf Prinzipien
wie Ehre, Hierarchie, Einheit, charismatischer Führung
und absoluter Wahrheit. Elemente, die auch Eingang in
den Faschismus fanden.

In Ländern, die auf eine lange Tradition als geeinte Nation unter dem Dach eines Staates zurückblicken können,
wie etwa England und Frankreich, entstanden im Zuge
des erstarkenden Nationalismus Ende des 19./Anfang
des 20. Jahrhunderts zwar ebenfalls nationalistische und
faschistische Bewegungen. Auf politischer Ebene allerdings erlangten sie kaum Bedeutung. Der Historiker
Ernst Nolte sieht die französische militant-katholische
Bewegung »L'Action française«, die im Jahr 1898 gegründet wurde, als Vorbild für die faschistischen Bewegungen, die später in Italien und Deutschland entstanden. Die Bewegung wollte im Sinne der katholischen
Kirche die Moderne stoppen und zu einer christlich-
konservativen Gesellschaftsordnung zurückkehren. Es
gelang ihr jedoch nie, eine Massenbewegung zu werden.

Und mit der Besetzung Frankreichs durch die Wehrmacht verlor sie endgültig ihre Bedeutung.

In Großbritannien gründete Oswald Mosley drei Jahre nach der schweren Weltwirtschaftskrise des Jahres 1929 die »British union of fascists«. Nach eigenen Angaben hatte sie 50 000 Mitglieder, Mosley bereiste Italien, um den Faschismus zu studieren, und ließ später nach dem Vorbild der SS eine schwarze Parteiuniform entwerfen. Nach dem Röhm-Putsch und vor allem dem Ausbruch des Zweiten Weltkriegs verlor seine Bewegung ebenfalls massiv an Rückhalt.

Nur in den verspäteten Nationen Italien und Deutschland zündete der Faschismus, seine Anhänger übernahmen das Ruder und verführten die Massen. Man könnte den italienischen Faschismus als Vollendung jenes italienischen Einigungsprozesses sehen, den Mazzini und Garibaldi im 19. Jahrhundert begonnen hatten. Das italienische Wort *fascio* leitet sich vom lateinischen *fasces* her, was »Bund« oder »Bündel« bedeutet. Gemeint ist ein Rutenbündel, mit dem zunächst königliche Leibwachen, später Amtsdiener und Staatsbeamte den römischen Imperatoren voranschritten. Dieses Machtsymbol war sowohl ein Zeichen der Einheit als auch ein potenzielles Züchtigungsinstrument zur Bestrafung von Abtrünnigen und Verbrechern. Als Benito Mussolini 1919 seine »Fasci di Combattimento« gründete, beschwor er die Erinnerung an die Weltmachtstellung des Römischen Reiches, das er nun wiederherstellen wolle.

Der deutsche Faschismus entstand ebenfalls in einer Phase der Zerrüttung. Der »Schandvertrag« von Versailles, die Schwäche von Wirtschaft und gemäßigten Parteien – um nur einige Punkte zu nennen – bildeten einen guten

Nährboden. Der Nationalsozialismus schien das Versprechen zu sein, der geplatzte imperialistische wilhelminische Traum von einem »Platz an der Sonne« für Deutschland ließe sich wiederbeleben. Die Schmach der Niederlage im Ersten Weltkrieg könne getilgt, die Nation wiedergeboren werden, um dann auf die zurückzuschlagen, die einen in jüngster Vergangenheit gedemütigt hatten. Eine krude Mischung aus Ohnmacht und Allmachtsphantasien, die das perfekte Klima für den Aufstieg der Nationalsozialisten schuf.

Diese Mischung aus Ohnmacht und Allmachtsglaube findet sich auch im Islamismus. Da der Islam erst sechshundert Jahre nach dem Christentum in die Welt kam, kann man ihn als verspätete Religion bezeichnen, die heute das eigene Mittelalter erlebt. Nach islamischer Zeitrechnung befinden wir uns derzeit im Jahr 1435. Die meisten muslimischen Länder können wie Deutschland und Italien auch als verspätete Nationen bezeichnet werden, die sich seit dem Zerfall des Osmanischen Reiches und der späteren Entkolonialisierung nicht wirklich zwischen dem modernen Nationalstaat, der Verhaftung in alten Stammesstrukturen und dem Gottesstaat entscheiden konnten. Die widersprüchliche Mischung aus diesen drei Herrschaftssystemen lässt die meisten islamischen Staaten seit Jahrzehnten in Stillstand verharren. In Staaten mit einer (Militär-)Diktatur oder solchen, in denen man vorsichtig eine Annäherung an die Moderne wagt, formieren sich Islamisten als politische Alternative.

Das 20. Jahrhundert erlebte eine heftige Konterrevolution gegen die Moderne und das Gedankengut der Aufklärung: Sowohl Ernest Gellner als auch Ernst Nolte sehen den Islamismus nach dem Faschismus und dem Bolsche-

wismus als die dritte Widerstandsbewegung gegen die
Moderne. Alle drei Bewegungen haben sich zwar der
technischen Errungenschaften der Moderne bedient,
doch wehrten sie sich vehement gegen zentrale Eckpfeiler der Aufklärung: Vernunft, persönliche Freiheit
und Freiheit des Denkens, Individualität, Menschenrechte, die Autonomie des menschlichen Körpers sowie die
Meinungs- und Pressefreiheit wurden von allen drei Bewegungen als Gefahr gesehen. Der Übergang von der
ländlichen zur urbanen Gesellschaft schien einherzuge-
hen mit dem Zerfall der Gemeinschaft, die ein wichtiges
Element totalitärer Systeme ist. Herkunft und/oder eine
gemeinsame Ideologie sollten neue Gemeinschaften formen. Ausgangspunkt für diese Bestrebungen ist oft der
ländliche Raum, der beinahe mythisch überhöht wird.
Ein antiurbaner Diskurs ist bezeichnend für alle drei
Bewegungen. Für den Bolschewiken war die Stadt der
Ort, an dem das Proletariat ausgebeutet wurde. Für die
Nazis war das Berlin der Goldenen Zwanziger Sinnbild
für den Niedergang traditioneller Werte. Und für die Islamisten ist die Stadt ein Ort der Sünde und des Sitten-
verfalls.
Da, wo Faschisten, Kommunisten oder Islamisten die
Macht übernahmen, verwandelten sich die Gesellschaften in Freiluftgefängnisse, deren »Insassen« – die Bürger – ständig überwacht wurden. Vielfalt wurde und
wird als Gefahr betrachtet, ein gesellschaftlicher Konsens
durch Gewalt und Einschüchterung künstlich erzwun-
gen. Es gilt die eine, die einzig wahre Ideologie, Andersdenkende werden als Verräter und Nestbeschmutzer ab-
gestempelt, im schlimmsten Fall liquidiert.
Um Kritik von innen vorzubeugen, schüren totalitäre

Systeme Angst, indem sie ein Bedrohungsszenario entwerfen. Das Land oder die Gesellschaft befinde sich in einem Kampf mit einem realen oder imaginären Feind. Die Nazis waren in dieser Hinsicht recht kreativ: Juden und Kommunisten bedrohten die Deutschen von innen, später kamen die Alliierten als Bedrohung von außen dazu. Die Sowjetunion wechselte im Laufe ihrer Geschichte den äußeren Feind: Erst waren es die Nazis, dann der demokratische Westen. Die Dissidenten im kommunistischen Reich waren die inneren Feinde, die angeblich den gesellschaftlichen Zusammenhalt bedrohten und mit dem Westen kollaborierten.

Für die Islamisten gab und gibt es die immer gleichen drei Feinde: den Westen als fernen Feind, Israel als nahen. Den inneren Feind findet man unter Häretikern, Reformern und säkularen Denkern und Politikern, die allesamt als verlängerter Arm des Westens gelten. Da, wo der islamische Faschismus die Macht übernommen hat, wie im Iran, im Sudan, in Nigeria, Somalia und Gaza, sind brutale Diktaturen entstanden, die ihre Macht bis heute nicht wieder abgegeben haben. Da, wo der Islamismus vom »Regierungssessel« verdrängt wurde, verwandelten sich die Islamisten in Terroristen und überzogen ihre Länder mit Gewalt und Verwüstung wie in Algerien, Afghanistan, Mali und Libyen. Ein Schicksal, das nun auch Ägypten und Syrien droht.

Dennoch gilt der politische Islam einer breiten Bevölkerungsschicht in muslimischen Gesellschaften als Hoffnungsträger. Das liegt unter anderem daran, dass weder die Massen noch die politischen Eliten in diesen Ländern zugeben wollen, dass sie gescheitert sind und nicht imstande waren, eine eigene Alternative zur westlichen

Demokratie zu entwerfen. Vor allem in der arabischen Welt verhinderte gekränkter Stolz eine Aufarbeitung der eigenen Geschichte und eine fruchtbare Zusammenarbeit mit dem Westen. Stattdessen richteten sich viele islamische Staaten häuslich in ihrer Opferrolle ein und trieben eine kollektive Erziehung zum Hass gegen den Westen voran. Von diesem Hass zehren sowohl säkulare Diktaturen als auch deren islamistische Widersacher. Eine frustrierte, orientierungslose und vor allem wütende Generation ist ein Ergebnis dieser Erziehung. Die einen finden ein Ventil für ihren Ärger im Aufstand gegen die herrschende Elite. Die anderen finden Zuflucht und Trost bei den Islamisten.

Die anfangs friedliche Massenbewegung des »arabischen Frühlings« wurde so zu einer Konfrontation zwischen letztlich unversöhnlichen Blöcken, die ich den »inneren Kampf der Kulturen« nenne. Es ist nicht der vielfach beschworene Kampf zwischen dem Westen und der islamischen Welt, sondern ein innerarabischer, ein innerislamischer. Man kann sich die islamische Welt als eine multiple Diktatur vorstellen, als eine »Diktatur-Zwiebel«, die aus mehreren Schichten besteht: Es gibt die Klan-Diktatur, repräsentiert von den Familien Mubarak, Gaddafi, Hussein, Bin Ali oder Assad. Als nächste Schicht kommt die Militärdiktatur. Es folgt die religiöse Diktatur, die die Bildung und Erziehung bestimmt. Die letzte Schicht ist die soziale Diktatur, die mit ihren archaischen Rollenvorstellungen das Leben innerhalb der Familie prägt.

Jede Zwiebelschicht ist eine hohe Mauer, die die islamische Welt von der übrigen Welt isoliert, eine Mauer, die angeblich die eigene Identität schützen soll. Die jungen Menschen, die auf der Straße demonstrieren, schälen eine Schicht der Zwiebel ab – und stoßen sofort auf die nächste. Am Ende wird vielleicht nur der Kern der Zwiebel übrig bleiben: die Religion. Es ist fraglich, ob der Mut der jungen Menschen ausreichen wird, an der Allmachtsstellung der Religion zu rütteln. Wenn ihnen das tatsächlich gelungen ist, werden sie erkennen, dass diese Zwiebel nur aus Angst besteht und dass es hinter all diesen Schichten *nichts* gibt, das es zu bewahren gilt. Erst dann kann man wirklich von einer Revolution sprechen. Bis dahin werden sich die totalitären Grundzüge des Islam weiter ausprägen und sich auch in Kreisen verbreiten, in denen Religion bislang nicht die Hauptrolle gespielt hat.

Kapitel 2

Die Muslimbrüder – Reformer oder Vertreter des faschistischen Islamismus?

Manche Islamwissenschaftler bezeichnen die Muslimbruderschaft, eine der einflussreichsten sunnitisch-islamistischen Bewegungen im Nahen Osten, als »soziale Reformbewegung«, die der Gewalt längst abgeschworen habe.

Es sind die gleichen Experten, die vom »moderaten Islamismus« sprechen, der angeblich mit der Demokratie vereinbar sei. Als Beispiele für diesen moderaten Islamismus werden immer wieder Erdogan und seine islamistische Partei AKP in der Türkei genannt, Raschid al-Ghannouchi und seine al-Nahda-Partei in Tunesien oder auch die Muslimbruderschaft in Ägypten. Auch wenn diese drei Parteien mittlerweile als korrupt und antidemokratisch entzaubert wurden, wollen manche Experten ihre Hoffnung nicht aufgeben, dass der moderate Islamismus doch irgendwo auf der Welt existiert.

Sie übersehen dabei die Tatsache, dass ein Islamist, egal welche politische Färbung oder Tarnung er hat, nur ein Motiv kennt, wenn er in die Politik geht: Er will die islamistische Gesellschaftsordnung und die Gesetze der Scharia durchsetzen, spätere Weltherrschaft nicht ausgeschlossen. Im tiefsten Inneren verachtet er die Demokratie und betrachtet sie lediglich als ein Mittel, um an die Macht zu gelangen. Erdogan hat das Scheitern seines Lehrers Necmettin Erbakan erlebt, als dieser versuchte,

an den türkischen Institutionen vorbei einen Gottesstaat
zu errichten. Also hat er sich entschieden, diese Institutionen nicht zu umgehen, sondern zu unterwandern. Am
Anfang gab er sich als säkularer, prowestlicher Politiker,
der die Korruption bekämpfen und die Wirtschaft reformieren wollte. Erst Jahre nach seiner Wahl zum Regierungschef und erst nachdem ihm die Unterwanderung
der wichtigsten Institutionen des Landes und das Aus-
schalten des Militärs gelungen war, zeigte er seine totalitären Absichten. Seine autoritäre, imperialistische und
letztlich antiwestliche Haltung wurde immer deutlicher.
Auf den Korruptionsskandal, der seine Regierung im
Dezember 2013 erschütterte, reagierte Wirtschaftsminis-
ter Caglayan mit Verschwörungstheorien: Es handle sich
um ein »dreckiges Komplott gegen unsere Regierung,
unsere Partei, unser Land«. Ausländische Geheimdiens-
te, Zionisten und die Finanzlobby steckten hinter dem
Skandal, weil sie auf die wirtschaftliche Entwicklung der
Türkei neidisch seien. Der Reflex, mit solchen Verschwörungstheorien von den eigentlichen Problemen abzulen-
ken, ist auch eines der Merkmale des Ur-Faschismus.
Die Muslimbrüder versuchten mehrmals, in Ägypten mit
Gewalt an die Macht zu gelangen. Demokratische Wahlen galten ihnen früher als Gotteslästerung, da die Souveränität niemals beim Volk, sondern immer nur bei Gott
liegen könne. Mit Gewalt allein hatten sie ihr Ziel nicht
erreichen können. Deshalb änderten sie ihre Haltung zu
Wahlen, doch ihre Einstellung zur Demokratie blieb die-
selbe. Sie gewannen 2012 die Wahlen in Ägypten, schei-
terten aber nach einem Jahr Regierungszeit kläglich. Statt
die Schuld bei sich zu suchen, wurden Feinde des Islam
im In- und Ausland für dieses Scheitern verantwortlich

gemacht. Im Dezember 2013 schließlich wurden führende Köpfe der Muslimbrüder vor Gericht gestellt. Der Vorwurf: Sie hätten zur Tötung von Demonstranten aufgerufen. Allein diese Tatsache zeigt, dass der moderate Islamismus der Bruderschaft nichts als ein Mythos ist, sondern dass hier mit Methoden gearbeitet wird, die man auch von faschistischen Bewegungen kennt. Kritiker, Abtrünnige, Andersdenkende müssen eliminiert werden, da sie eine Bedrohung von innen darstellen.

Die Muslimbruderschaft weist seit ihrer Gründung im Jahr 1928 faschistische Züge auf. Wie alle faschistischen Bewegungen handelt sie mit zwei Waren: Wut und Blut. In den nunmehr 86 Jahren ihrer Existenz haben die Muslimbrüder keine Lösungsansätze und keine Zukunftspläne für Ägypten oder einen anderen islamischen Staat entwickelt, und dennoch wollen sie diese Länder regieren. Alle, die mit ihnen kooperieren wollen, müssen das Motto der Bruderschaft annehmen: Der Prophet ist unser Anführer, der Koran ist unsere Verfassung, der Dschihad ist unser Weg, und das Sterben für Allah ist unser höchstes Ziel. Egal, in welchem vermeintlich moderaten Gewand sie daherkommt – allein diese vier Eckpunkte ihres Mottos entlarven sie als faschistoide Organisation. Und weil gilt: Wer nicht für uns ist, ist gegen uns, kann man in der Muslimbruderschaft auch die Mutterorganisation des islamistischen Terrorismus sehen. Al-Qaida ist eine ihrer Ausgeburten.

Der Geist, aus dem all das entsprungen ist – selbst die Epoche –, ist der gleiche, in dem auch die nationalsozialistische Ideologie ihre verheerende Wirkung entfaltete. Wobei die Wurzeln dieses Geistes noch viel weiter zurückreichen.

Das Ende des Ersten Weltkriegs besiegelte das Ende
vieler Großmächte. Die Häuser Habsburg und Preußen
waren geschlagen, die imperialistischen Träume Öster-
reich-Ungarns und des Deutschen Reiches geplatzt. Der
russische Zar und seine Familie wurden ermordet, an die
Stelle der Monarchie traten die roten Revolutionäre. Das
damals längst angeschlagene Osmanische Reich zerfiel
im Jahr 1924 endgültig, und mit ihm ging das Kalifat unter, jene islamisch legitimierte Herrschaftsform, die vier
Jahrhunderte lang mehrere islamische Staaten und Völker
unter einem Dach hatte zusammenhalten können.
In all diesen gefallenen Reichen folgte auf die Monarchie
ein System, das von einer bestimmten Ideologie getragen
wurde. In Deutschland und Italien machte sich der Faschismus breit, in Deutschland kamen die Nationalsozialisten nach dem Intermezzo der Weimarer Republik an
die Macht. In Russland war der Kommunismus die neue
Religion. In der islamischen Welt stand man nach dem
Zusammenbruch des Osmanischen Reiches ein wenig
wie ein Waisenkind da, das sich nicht so recht entscheiden konnte, wohin der Weg führen sollte. Dort kon-
kurrierten drei Ideologien um die Gunst der Massen: der
Islamismus, der Nationalismus und der Panarabismus.
Dem modernen demokratischen Staat haftete ein schlechter Ruf an. Die meisten muslimischen Länder standen zu
diesem Zeitpunkt unter britischer oder französischer
Kolonialherrschaft, die sie als Phase der Unterdrückung
und Ausbeutung erlebten. Der Kommunismus wiederum
um fand zwar eine schnelle Verbreitung unter Intellektuellen vor allem in Ägypten und Syrien, doch da er die
Religion ablehnte, war er für die Mehrzahl der Muslime
keine Option.

In dieser problematischen Orientierungsphase entstanden unabhängig voneinander zwei Bewegungen, die das Ziel hatten, das islamische Kalifat wiederherzustellen. In Indien gründete 1924 der Gelehrte Sayyid Abul Ala Maududi eine Bewegung, die auch den Dschihad-Gedanken wiederbelebte. Maududi wollte zunächst gegen die britische Herrschaft ankämpfen und die *Umma*, die Gemeinschaft der Muslime, einen. Er rief die Muslime zum Kampf auf: »Zieht aus und kämpft! Entfernt die Menschen, die sich gegen Gott aufgelehnt haben. [...] Wenn ihr an die Richtigkeit des Islam glaubt, bleibt euch nichts anderes übrig, als eure ganze Kraft einzusetzen, um den Islam auf Erden herrschen zu lassen.« Die Gedanken von Maududi verbreiteten sich rasant zunächst in Indien, später auch in Pakistan und Afghanistan. Die Ideologie der Taliban basiert bis heute hauptsächlich auf Maududis Islamverständnis.

Vier Jahre später, 1928, entstand in der Provinzstadt Ismailiya am Suezkanal die Muslimbruderschaft. Der 22-jährige Arabischlehrer Hassan Al-Banna legte zwei Ziele seiner Bewegung fest: Die islamischen Gesellschaften seien von allen nichtislamischen Elementen zu reinigen, in einem zweiten Schritt sei das Kalifat wiederherzustellen. Al-Bannas Botschaft breitete sich schnell in Ägypten und Syrien aus. Heute hat die Bewegung Vertretungen in mehr als siebzig Staaten. Auch in Europa und in den Vereinigten Staaten sind die Brüder politisch und wirtschaftlich sehr aktiv.

Auch wenn weder die Maududi- noch die Al-Banna-Bewegung zunächst irgendwo ans Ruder kam, sind zahlreiche militante Gruppen aus ihnen hervorgegangen, die im Laufe der letzten Jahrzehnte für unzählige Terroranschläge in der islamischen Welt, Asien, Europa und den Vereinigten Staaten verantwortlich zeichnen. Die Globalisierung brachte beide Bewegungen einander näher. In den achtziger Jahren begegneten sich die Kinder und Enkel Al-Bannas und Maududis in Afghanistan und kämpften mit saudischem Geld und westlichen Waffen gegen die Russen. Nach dem Ende der Sowjetherrschaft in Afghanistan legten die Islamisten ihre Waffen nicht nieder, sondern gründeten gemeinsam die Bewegung al-Qaida, um den Traum von Maududi und Al-Banna durch den Dauer-Dschihad Wirklichkeit werden zu lassen.

Aber ich greife vor. Werfen wir noch einen genaueren Blick auf die Verbindungen der Muslimbruderschaft zum Nationalsozialismus.

Die Muslimbrüder und die Nazis – eine Liebesaffäre mit Folgen

Im Jahr 1946 hielt der Gründer der Muslimbruderschaft, Hassan Al-Banna, in Kairo eine Laudatio auf den Mufti von Jerusalem. Amin al-Husseini, der nach Ende des Zweiten Weltkriegs als Kriegsverbrecher und Kollaborateur des NS-Regimes gesucht wurde, hatte nach einem kurzen Intermezzo in einem französischen Gefängnis Asyl in Ägypten erhalten und dort Zuflucht bei den Muslimbrüdern gefunden. Al-Banna sagte in seiner Rede: »Der Mufti ist so viel wert wie eine ganze Nation. Der Mufti ist Palästina, und Palästina ist der Mufti. O Amin! Was bist du doch für ein großer, unbeugsamer, großartiger Mann. Hitlers und Mussolinis Niederlage hat dich nicht geschreckt. Was für ein Held, was für ein Wunder von Mann. Wir wollen wissen, was die arabische Jugend, Kabinettsminister, reiche Leute und die Fürsten von Palästina, Syrien, Irak, Tunesien, Marokko und Tripolis tun werden, um dieses Helden würdig zu sein, ja dieses Helden, der mit der Hilfe Hitlers und Deutschlands ein Empire herausforderte und gegen den Zionismus kämpfte. Deutschland und Hitler sind nicht mehr, aber Amin al-Husseini wird den Kampf fortsetzen.«[1]

Hassan Al-Banna hat seinen Freund Al-Husseini nicht erst nach dessen Flucht aus Deutschland kennengelernt. Dort hatte Al-Husseini nach dem Scheitern des prodeutschen Putschversuchs im Irak seit 1941 als persönlicher Gast Hitlers residiert. Ein Brief aus dem Jahr 1927 belegt, dass schon früher eine Verbindung zwischen dem jungen Lehrer Hassan Al-Banna und Amin al-Husseini bestand. In diesem Brief teilt Al-Banna dem Mufti mit, er beabsichtige, eine Bewegung mit dem Namen »Die Muslimbruderschaft« zu gründen. Al-Husseini reagierte begeistert und segnete dieses Vorhaben ab. Auch ein altes Bild aus dem Archiv der Muslimbrüder zeigt die beiden Herren einträchtig nebeneinander.

Die Beziehungen zwischen Amin al-Husseini und dem Naziregime sind bestens dokumentiert. Mit Ribbentrop und Eichmann debattierte er über die »Lösung des Weltjudenproblems«, von Hitler erhoffte er sich Unterstützung bei der Errichtung eines arabischen Staates in Palästina nach deutschem Vorbild und, und, und. Doch bislang gibt es wenige Indizien dafür, dass auch Al-Banna ähnlich weitreichende Verbindungen hatte. Britische Geheimdienstdokumente belegen zwar, dass es Verbindungen gab zwischen dem NS-Geheimdienst und Vertretern

der Bruderschaft in Ägypten, um die Engländer während
des Zweiten Weltkriegs in Nordafrika zu schwächen.
Das Ausmaß dieser Zusammenarbeit liegt jedoch nach
wie vor im Dunkeln.

Zweifelsfrei lässt sich aber belegen, dass Hassan Al-Banna ein großer Bewunderer Mussolinis und Hitlers war.
Er sah in ihnen fähige Führer, die ihre Länder in eine
neue Zeit geführt hätten. Wenn er von den beiden sprach,
verwendete er das italienische Wort *Duce* beziehungsweise den deutschen Begriff *Führer,* um sie zu würdigen.
Sich selbst bedachte Al-Banna nicht etwa mit den Be-
zeichnungen »Imam« oder »Qaid«, die die religiösen
oder politischen Anführer in der arabischen Welt ge-
meinhin tragen, sondern nannte sich »Al-Murshid«, zu
Deutsch »Wegweiser«. Ein Titel, den vor ihm noch keiner benutzt hatte. Später ließ sich Ayatollah Khomeini so
nennen.

In einem seiner Artikel aus den vierziger Jahren schreibt
Al-Banna: »Hitler und Mussolini führten ihre Länder
Richtung Einheit, Disziplin, Fortschritt und Macht. Sie
setzten Reformen im Inneren durch und verhalfen ihren
Ländern zu großem Ansehen nach außen. Sie erweckten
Hoffnung in den Seelen und zeigten Mut und Ausdauer.
Sie vereinigten die Zerstrittenen unter einer Fahne, unter
einem Herrscher. Und wann immer der Führer oder der
Duce sprachen, horchte die Menschheit, ja das Univer-
sum, in Ehrfurcht.«[2]

Besonders begeistert war er von Mussolinis und Hitlers
Hang zum Militarismus und von deren Wirkung auf die
Massen. Um die Massen zu erreichen, gründete er eine
Wochenzeitung mit dem Namen *al-nathir,* also »der
Ermahner« oder »der Weckrufer«. Den gleichen Namen

trug das erste nationalsozialistische Wochenblatt, das 1926 in Coburg ins Leben gerufen wurde. In mehreren Artikeln seiner neuen Zeitschrift attackierte Al-Banna die Demokratie und wünschte sich für die islamische Welt einen Führer wie Hitler oder Mussolini. In einem Beitrag mit dem Titel »Signor Mussolini erklärt ein Prinzip des Islam«, zeigt sich Al-Banna berauscht von einer Rede, die Mussolini 1935 auf einem Panzer stehend gehalten und in der er Italien auf einen langen Kampf eingeschworen hatte: »Italien muss von nun an ein militarisierter Staat werden, der vom Kampfgeist lebt. Ich habe in der letzten Kabinettssitzung eine Reihe von Entscheidungen getroffen, die den Militarismus zum Hauptmerkmal des italienischen Volkes machen sollen. Von nun an wird die italienische Staatsbürgerschaft und der Militarismus eine Einheit. Jeder Italiener zwischen acht und fünfundfünfzig muss von diesem Geist erfasst werden. Das ist eine neue Idee, die keiner zuvor in der Menschheitsgeschichte realisieren konnte. Und es gibt in der Tat genug Gründe, warum diese Idee bei einem anderen Volk schwer durchsetzbar ist. Denn aus geschichtlichen und moralischen Gründen eignet sich kein anderes Volk außer Italien dafür, ein Volk von Soldaten zu sein.« Al-Banna listet im Folgenden die Gründe auf, warum Nationen zerfallen – und nimmt als Beispiel das römische Imperium. »Die früheren Reiche sind zugrunde gegangen, als sie nach Komfort und Wohlstand strebten und den Kampfgeist vernachlässigten. Denn in ihrer Umgebung sind andere Nationen in Erscheinung getreten, die weniger zivilisiert, dafür aber stärker und kampfbereiter waren als sie.«

Der interessanteste – und entlarvendste – Punkt kommt

nun. Al-Banna korrigiert Mussolini, indem er ihn daran erinnert, dass die Idee der totalen Militarisierung einer Gesellschaft nicht erst mit dem Faschismus begonnen habe, sondern bereits vor mehr als 13 Jahrhunderten mit dem Islam eingeführt worden sei! Denn der Islam, so Al-Banna, huldige dem militärischen Geist und wolle diesen in die Seele jedes Muslims einpflanzen: »Es gibt kaum eine Sure im Koran, wo der Muslim nicht aufgefordert wird, Mut, Ausdauer und Kampfgeist zu zeigen und den Dschihad für die Sache Gottes zu führen.« Im Anschluss zitiert Al-Banna mehrere Verse des Koran und Aussagen des Propheten, um zu belegen, dass der Islam eine militaristische Religion sei. Mit einem kleinen, aber entscheidenden Unterschied zum Faschismus: Faschisten wollten durch den Kampf lediglich weltliche Ziele, »während der Islam darauf abzielt, das Erbe Gottes auf Erden zu bewahren«.

In seiner eigenen Bewegung war die Idee des bewaffneten Kampfes von Anfang an fest verankert. Das wird allein schon mit dem Logo offensichtlich, das Hassan Al-Banna selbst entworfen hat: zwei gekreuzte Schwerter, darüber ein Bild des Koran, darunter der Beginn eines Koranverses: »Und rüstet auf.« Dieser Vers aus Sure 8 geht so weiter: »Und rüstet gegen sie [die Ungläubigen] auf, soviel ihr an Streitmacht und Schlachtrossen aufbieten könnt, damit ihr Allahs Feind und euren Feind – und andere außer ihnen, die ihr nicht kennt – abschreckt; Allah kennt sie. Und was ihr auch für Allahs Sache aufwendet, es wird euch voll zurückgezahlt werden, und es soll euch kein Unrecht geschehen.«

Über den Zeitpunkt, wann genau dieses Logo entstanden ist, gibt es widersprüchliche Angaben. Manche behaupten sogar, es sei eine islamische Version des Hakenkreuzes. Unstrittig dürfte aber die Botschaft sein, die am Anfang des Manifests dieser Bewegung steht: »Der Koran ist unsere Verfassung, der Phrophet ist unser Führer, der Dschihad ist unser Weg, und der Tod für Allah ist unser höchstes Ziel.« Eine klare Kampfansage, die bis heute gilt – nur der historische Kontext hat sich gewandelt. Damals richtete sich diese Kampfansage sowohl gegen die britische Kolonialherrschaft als auch gegen demokratische Kräfte in Ägypten, die 1922 eine weltliche Verfassung installiert hatten. In jenem Jahr hatte Ägypten offiziell seine Unabhängigkeit erlangt, war aber unter britischem Mandat geblieben. Eine Gruppe im Westen ausgebildeter ägyptischer Juristen und Politiker hatte eine – in den Augen der Muslimbruderschaft – viel zu westlich orientierte freiheitlich-demokratische Verfassung verabschiedet, die viel fortschrittlicher war als alle Verfassungen, die später in Ägypten Gültigkeit haben sollten. In ihr waren unter anderem die Gleichberechtigung von Mann und Frau, Meinungs-, Presse- und Glaubensfreiheit uneingeschränkt garantiert. Ein Mitglied dieser Verfassungskommission war Youssef Qattawi, ein Jude, der später Finanzminister des Landes und Mitbegründer der ersten Bank in der arabischen Welt war. Als die Muslimbruderschaft gegründet wurde, war der Kopte Wesa Wasef Präsident des Parlaments. Die Muslimbrüder lehnten es ab, dass Kopten und Juden Schlüsselpositionen im Land bekleideten. Muslime dürften nur von Muslimen beherrscht werden, und diese Herrscher müssten die Scharia einführen, um sich der Loyalität ihrer Untertanen sicher zu sein, so ihre Überzeugung. Heute leben die Enkel von Qattawi im Exil. Und die Enkel von Wasef müssen sich keine Gedanken

mehr darüber machen, ob ein Kopte der nächste Regierungschef oder Parlamentspräsident wird – sondern darüber, wann die Fundamentalisten wieder einmal eine
ihrer Kirchen und christlichen Schulen in die Luft jagen.
Es ist bemerkenswert, dass trotz der anfänglichen Skepsis gegenüber der Idee eines demokratischen Staates damals in Ägypten Wahlen stattgefunden haben, die liberale und linke Parteien für sich entscheiden konnten. Radikalen Nationalisten und Islamisten war es nicht gelungen,
das Wahlvolk zu mobilisieren.

In den dreißiger Jahren versuchte König Farouk dann,
die demokratische Entwicklung des Landes zu bremsen
und die Macht des Parlaments zu beschneiden. Es hatte
angekündigt, dem König einige Befugnisse und Privilegien wegnehmen zu wollen. Die linken und liberalen
Parteien, die die Mehrheit im »Rat der Nation« bildeten,
wehrten sich gegen den machtbewussten Farouk. Massen
von Arbeitern und Studenten gingen auf die Straße und
demonstrierten zum ersten Mal in der ägyptischen Geschichte gegen einen König. Die Muslimbruderschaft
witterte ihre Chance, ein Gegengewicht zu den Unruhe-
stiftern zu schaffen. Die Bruderschaft, die zu dieser Zeit
noch keine offizielle politische Partei war, verbündete
sich mit den Ultranationalisten von Misr Al-Fatah (Junges Ägypten), einer Partei, die nach dem Modell der
NSDAP im Oktober 1933 gegründet worden war und
den Hitlergruß als offizielle Begrüßung verwendete. In
dieser Partei engagierten sich auch zwei junge Offiziere,
die später das Schicksal Ägyptens lenken würden: Gamal
Abdel-Nasser und Anwar al-Sadat. Beide befürworteten
eine enge Zusammenarbeit mit der Muslimbruderschaft.
Sowohl die Misr Al-Fatah als auch die Muslimbruder-

schaft gründeten just zu dieser Zeit paramilitärische Einheiten nach dem Modell ihrer faschistischen Vorbilder in Deutschland und Italien. Sie bewaffneten sich und bildeten ihre Truppen in geheimen Lagern aus. Von nun an trug die Jugend der Muslimbrüder (al-gawwala) braune Hemden und rief während des Trainings »Kampf, Gehorsam, Schweigen« in Anlehnung an die Schwarzhemd-Milizen Mussolinis. Die Anhänger der Partei Junges Ägypten kleideten sich in grüne Hemden, trugen Fackeln durch die Straßen Kairos und riefen – in Anlehnung an »Deutschland, Deutschland über alles« – Parolen wie »Ägypten über alles«.

Während des Zweiten Weltkriegs wurde der Offizier Anwar al-Sadat verhaftet und zu einer Gefängnisstrafe verurteilt, weil er Kontakte zu deutschen Geheimdienstoffizieren unterhielt und ein deutsches Kommunikationsgerät bei sich hatte. Denn die ägyptische Armee wollte sich nicht in den Krieg reinziehen lassen. Doch König Farouk sah sich den Mächten der Achse Berlin–Rom näher als London und suchte gezielt Kontakt zum NS-Regime. Hitler wusste um die Bedeutung Ägyptens für die Engländer und nahm die Annäherungsversuche König Farouks dankend an. Unterstützt wurde der König dabei von der Muslimbruderschaft und der Partei Junges Ägypten.

Bis zum Ausbruch des Zweiten Weltkriegs war die Zahl der Anhänger der Muslimbruderschaft überschaubar. Das änderte sich, als die NS-Propaganda gezielt auch in Ägypten verbreitet wurde und die antisemitische Stimmung am Nil zunahm. Hassan Al-Banna sorgte mit seiner Zeitschrift dafür, dass der Funke des Antisemitismus am Glühen gehalten wurde. Er schrieb, die Länder der Achse Berlin–Rom–Tokio stünden dem Islam sehr nahe. Er

forderte die religiöse Al-Azhar-Institution dazu auf, islamische Gelehrte in diese drei vorbildlichen Länder zu
schicken, um diese intensiver über den Islam zu unterrich-
ten und im Gegenzug mehr von der straffen Organisation
und der dahinterstehenden Ideologie zu lernen. In anderen Zeitschriften ließen Muslimbrüder sogar das Gerücht
verbreiten, Hitler sei zum Islam übergetreten und habe
eine geheime Pilgerfahrt nach Mekka unternommen. Er
nenne sich nun »Hadsch Mohamed Hitler«. Man wollte
offenbar mit aller Macht Sympathien für die Nazis in der
ägyptischen Bevölkerung wecken, vordergründig, um die
Engländer zu schwächen. Im Falle eines Angriffs Hitlers
auf Ägypten würden nur britische Einrichtungen in Mit-
leidenschaft gezogen. Moscheen und islamische Einrichtungen würde der gottesfürchtige Führer verschonen,
hieß es in den Blättern der Muslimbrüder.
Unklar ist, ob die Muslimbrüder diese Propagandaarbeit
für die Nazis als verlängerter Arm von König Farouk,
aufgrund direkter Kontakte zu NS-Deutschland oder
aus eigenem Antrieb leisteten. Einer der wichtigsten
ägyptischen Literaten, der damalige Bildungsminister
Taha Hussein, kritisierte König Farouk und die Muslimbrüder für ihre prodeutsche Haltung öffentlich. Abbas
Al-Aqqad, ebenfalls Autor und Parlamentsmitglied, warf
den Muslimbrüdern vor, sie würden vom NS-Geheimdienst dafür bezahlt, dass sie faschistisches Gedankengut
in Ägypten verbreiteten. Eine These, die Jeffry Herf in
dem 2009 erschienenen Buch »Nazi Propaganda for the
Arab World« bekräftigt. Den Nazis sei es, so Herf, nicht
nur um potenzielle Kriegspartner im Nahen Osten gegangen, sondern auch um die weltweite Verbreitung ihrer
antisemitischen Grundhaltung.

Das Fünfzig-Punkte-Programm

Die demokratischen Parteien Ägyptens waren während des Zweiten Weltkriegs gespalten: Einige wollten sich lieber auf die Seite Großbritanniens schlagen, um nach dem Krieg die endgültige Unabhängigkeit zu erlangen. Anderen wollten, dass Ägypten seine Neutralität behalte, da es mit diesem Krieg nichts zu tun habe. Und wieder andere gingen erneut auf die Straße, um gegen König Farouk zu demonstrieren. Die Muslimbrüder eilten ihm zu Hilfe. Ihre Anhänger stellten sich Demonstranten entgegen, Plakate hochhaltend, auf denen stand: »Allah ist mit dem König.« Hassan Al-Banna schlug mehrfach vor, König Farouk zum *amir al-muminin,* zum Oberhaupt der Gläubigen, zu krönen und das Kalifat wiederherzustellen. Schon anlässlich der Krönung Farouks 1936 hatte er einen offenen Brief an den neuen Herrscher und andere Führer der arabischen Welt verfasst. Unter der Überschrift »Hin zum Licht« listete er fünfzig Forderungen auf, wie dieser Weg zum Licht zu beschreiten sei. Auch dieser Brief entlarvt die totalitäre, faschistoide Ideologie der Muslimbruderschaft auf erschreckende Weise. Al-Banna fordert unter anderem:

1. Die Auflösung aller politischen Parteien und Überführung der politischen Kräfte der Umma in eine vereinigte Front.
2. Eine Reform der Gesetzgebung in Übereinstimmung mit der islamischen Scharia in allen Einzelheiten.
3. Die Stärkung des Heeres, die Vermehrung der Mannschaften der Jugend und die Entzündung ihres Kampfgeistes auf der Grundlage des islamischen Dschihad.

4. Die Stärkung der Kooperation mit anderen islamischen Ländern, um über die Angelegenheit des verlorenen Kalifats nachzudenken.

5. Die Verbreitung des islamischen Geistes in den Regierungsbehörden.

6. Die Überwachung des persönlichen Verhaltens der Beamten, weil es keinen Unterschied zwischen persönlichem und beruflichem Leben geben darf.

7. Die Festlegung der Arbeitszeiten in der Weise, dass sie die Erfüllung gottesdienstlicher Pflichten ermöglicht.

8. Die Ausrichtung aller regierungsamtlichen Vorgaben (Feiertage, Dienstzeiten) an den islamischen Vorschriften.

9. Die Einstellung von Absolventen der religiösen Al-Azhar-Institution im militärischen und administrativen Bereich.

Das Fünfzig-Punkte-Manifest gilt bis heute als programmatische Richtlinie nicht nur der Muslimbrüder, sondern auch vieler anderer islamistischer Bewegungen. Es sind Forderungen, die 76 Jahre später im ägyptischen Parlament ausführlich diskutiert wurden – nach dem Wahlsieg der Muslimbrüder 2012! Es ist mir ein Rätsel, wie man angesichts dieser Forderungen davon sprechen konnte, die spätere Absetzung Mursis sei ein Rückschritt in Sachen Demokratie.

Nach der Wahl Mohamed Mursis zum Präsidenten verstärkten die Muslimbrüder ihre Präsenz in allen Institutionen des Landes, um dieses Programm langfristig umsetzen zu können. Ein ganzes Volk wurde in Geiselhaft genommen, das sich letztlich nur mit Gewalt aus dieser

Haft befreien konnte, auch wenn es sich dafür undemokratischer Mittel bedienen musste.

Terrormilizen nach dem Vorbild von SA und SS

Wenn eine Bewegung dem Militarismus huldigt, die Demokratie für gefährlich hält, die Welt und die eigene Gesellschaft in Gläubige und Ungläubige aufteilt und den Dschihad als höchstes Ziel sieht, ist es nur eine Frage der Zeit, bis sie zu den Waffen greift, um ihre Gegner zu eliminieren. Die Muslimbruderschaft fand ihre Feinde zunächst in den linken Parteien Ägyptens, obwohl Hassan Al-Banna die Idee der sozialen Gerechtigkeit als genuin islamisch bezeichnete. Er wusste, dass die Wählerschaft in Ägypten damals deutlich linksorientiert war und dass sich daran auf absehbare Zeit auch nichts ändern würde. Deshalb entschied er sich dafür, den Kampf nicht an der Wahlurne aufzunehmen, sondern auf der Straße. Seine Milizen sollten dort Angst und Schrecken verbreiten. Anfangs begrenzte sich der Einsatz der Milizen auf die Zerschlagung von linken Demonstrationen und Arbeiterstreiks. Auch das erinnert an die Anfänge der Nazi-Milizien. Hassan Al-Banna gründete sogar einen eigenen Geheimdienstapparat für die Muslimbruderschaft, den er *al-dschihaz al-sirri* nannte, »der geheime Apparat«. Wie die Vereinigung innerhalb kurzer Zeit zu reichlich Waffen, Geld und Know-how kam, ist bis heute ein Rätsel. Spenden aus Saudi-Arabien kamen zwar regelmäßig, doch viele Experten sehen die Bildung der professionel-

len Parallelarmee nebst tragfähigen Organisations- und
Geheimdienststrukturen als ein Indiz für die Zusammenarbeit mit ausländischen Geheimdiensten.

Ali Ashmawi, einer der früheren Anführer des »geheimen Apparats der Bruderschaft«, der später die Bewegung verließ, offenbart in seinem Buch »Die geheime
Geschichte der Muslimbrüder«, dass Hassan Al-Banna
nicht nur die Strukturen des NS-Sicherheitsdienstes und
der Gestapo studiert habe, sondern auch die zionistischer
Untergrundorganisationen, bevor er seinen Geheimap-
parat gründete. Maßgebliches Vorbild für eine Eliteein-
heit sei allerdings eine islamische Gruppe aus dem Mittelalter gewesen, die zwischen 1080 und 1270 zahlreiche
politische Attentate verübt hatte. Die Gruppe ging unter
dem Namen »Assassinen« in die Geschichte ein. Marco
Polo beschrieb die Assassinen als Sekte, deren Mitglieder
dem Haschischrauchen frönten und, solchermaßen berauscht, Morde begingen. Der Name der Gruppe, der auf
Latein »Attentäter« bedeutet, lässt sich auf verschiedene
Weise herleiten. Zum einen vom arabischen Wort *hashish*
(Kräuter oder auch Hanf) beziehungsweise *Hashashin,*
also die »Haschisch-Raucher«. Zum anderen gab es in
Syrien eine sufische Sekte, deren Mitglieder *Asasin* genannt wurden. Später wurde der Begriff dort auch herab-
würdigend für »Entrückte« verwendet.

Der Gründer dieser Gruppe, der Perser Hasan-i Sabbah
(* um 1034, † 1124), soll seine Anhänger vor dem Sturm
auf die Bergfestung Alamut zu einem Garten gebracht
haben, sie mit Opium und Haschisch betäubt und dann
mit gutem Essen und schönen Frauen versorgt haben, um
sie so auf das Paradies einzustimmen, bevor er sie auf ihre
tödliche Mission schickte. Seine Anhänger sollen ihm so

bedingungslos ergeben gewesen sein, dass sie sich sogar das Leben nahmen, wenn er dies von ihnen verlangte. Seine beiden Söhne ließ er wegen »Verfehlungen« hinrichten.

Auch wenn manche Erzählungen über die Assassinen zum Teil der Phantasie des Reisenden Marco Polo entstammen dürften, erinnern sie an die fatalen Versprechungen vieler Dschihad-Prediger der Gegenwart, die mit ebensolchen Bildern vom Paradies Selbstmordattentäter locken. Und Ayatollah Khomeini schenkte einst minderjährigen iranischen Soldaten Schlüssel aus Plastik, bevor er sie in den Kampf gegen die Truppen von Saddam Hussein schickte. Dies, so behauptete er, seien die Schlüssel zum Paradies.

Hassan Al-Banna jedenfalls träumte von einer Gruppe, die ihm bedingungslos folgt und seine Befehle kritiklos umsetzt wie die mittelalterlichen Assassinen oder Hitlers SS. Das Prinzip des absoluten Gehorsams ist bis heute das zentrale Prinzip der Muslimbruderschaft. Die Mitglieder seines »geheimen Apparates« ließ Al-Banna genauestens überprüfen, bevor sie aufgenommen wurden. Ein Mitglied der Muslimbruderschaft konnte nur dann zum »geheimen Apparat« wechseln, wenn er als »einwandfrei« galt, einem exklusiven Zirkel bestimmer Familien entstammte und verschiedene Trainingseinheiten sowie Initiationsrituale durchlaufen hatte. Tharwat Al-Kharabawi, ein prominenter Aussteiger aus der Muslimbruderschaft und Autor des Enthüllungsbuches »Das Geheimnis des Tempels« berichtet, der Geheimbund der Muslimbrüder vereine totalitäre und mafiöse Elemente und bediene sich auch bei den Freimaurern, etwa wenn es um die Hierarchie innerhalb der Bewegung oder um

Aufnahmerituale gehe. Er schildert in seinem Buch, dass sich jedes neue Mitglied an einem geheimen Ort einfinden müsse, dort vor führenden Mitgliedern des Apparates mit der Pistole in der Hand auf den Koran schwören und versichern müsse, dass er der Bewegung und ihren Anführern gegenüber bedingungslos loyal sei und bleibe. Danach müsse der Neue die Pistole zerlegen und schnell wieder zusammenfügen.

Anfang des Jahres 1945 trat Hassan Al-Banna bei den Parlamentswahlen in Ägypten an. Als er zu seiner Überraschung verlor, drohte er, mit 200 000 Anhängern einen Marsch auf das Parlament zu veranstalten – wie Mussolini und seine Schwarzhemden 1922, wie Hitler mit seinem Putschversuch ein Jahr später. Kurz darauf wurde der linke Premierminister Ahmed Maher im Parlament von einem jungen Nationalisten namens Mustafa al-Isawi erschossen. Erst Jahre nach dem Attentat kam heraus, dass al-Isawi ein Mitglied des geheimen Apparats der Muslimbruderschaft war. Der Mord an Maher war nach einer Sitzung des Parlaments erfolgt, in der der Premierminister vorgeschlagen hatte, Japan den Krieg zu erklären. England habe die ägyptische Regierung wissen lassen, dass nach Kriegsende ein Staatenbund gegründet werde, dessen Mitgliedschaft Ländern vorbehalten sei, die vor dem 1. März 1945 wenigstens einer der Achsenmächte den Krieg erklärt hätten. Großbritannien wollte, dass Ägypten Deutschland den Krieg erklärte, aber König Farouk war strikt dagegen, weshalb man auf Japan kam. Der Islamismusexperte und Autor des Buches »Hassan Al-Banna, den keiner kannte«, Hilmy Al-Namnam, mutmaßt, das Attentat könne von Deutschland aus initiiert worden sein. Er geht davon aus, dass die Zusammenarbeit zwischen den Nazis und den Muslimbrüdern zu diesem Zeitpunkt dank der Vermittlung des Mufti von Jerusalem viel enger war als bislang angenommen. Fakt ist, dass Hassan Al-Banna Deutschland den Sieg wünschte. Auch, um Ägypten von der britischen Kolonialherrschaft und den linken und liberalen Parteien zu befreien, die seinen Bestrebungen nach der Einführung eines Gottesstaats im Wege standen.

Deutschland und seine Verbündeten verloren den Krieg – doch die Ziele Al-Bannas und der Terror seiner Bewegung blieben. Nur König Farouk ging zunehmend auf Distanz. Im Jahr 1947 verübte die Muslimbruderschaft mehrere Anschläge auf staatliche Einrichtungen und Kinos. Sie war für die Ermordung von zwei Briten ebenso verantwortlich wie für den Tod eines Richters, der einige Mitglieder verurteilt hatte.

Eine Chance, den Aktionsradius zu erweitern, ergab sich nach der Gründung Israels. Ägypten, Jordanien, Syrien, Irak und Libanon erklärten dem neugeborenen Staat umgehend den Krieg. Zahlreiche Kämpfer der Muslimbrüder schlossen sich der ägyptischen Armee in Palästina an, in der Hoffnung, sie würden als siegreiche Helden zurückkehren. Doch die stolzen arabischen Armeen wurden vernichtend geschlagen und kehrten »entehrt« zurück.

Nach diesem Fehlschlag intensivierten die Muslimbrüder ihre Terroranschläge im eigenen Land: ägyptische Juden und staatliche Einrichtungen waren ihre Primärziele. Als der neue Premierminister Mahmoud Al-Nuqrashi im Dezember 1948 ein Dekret erließ, gemäß dem die Muslimbruderschaft aufgelöst und verboten werden sollte, wurde er von einem Mitglied der Bewegung erschossen. Die Behörden reagierten mit einer verschärften Verfolgung, zahlreiche Muslimbrüder wurden verhaftet. Hassan Al-Banna wurde am 12. Februar 1949 auf offener Straße erschossen, möglicherweise im Auftrag des Königshauses, das die Bewegung und ihre Aktivitäten zunehmend als Belastung sah. Aber schon 1950 war die Bruderschaft rehabilitiert.

Demokratie als Trojanisches Pferd

Wie sein Vorbild Hitler lehnte Hassan Al-Banna das Mehrparteiensystem ab. In der Demokratie sah er lediglich ein Schlachtfeld, auf dem sich Parteien streiten und damit den Interessen der Nation schaden würden. Nachdem Hitler 1923 mit seinem Putsch gescheitert war, musste er einen Umweg nehmen, um an die Macht zu gelangen. Seine wahren Absichten hat Hitler – trotz der Teilnahme an demokratischen Wahlen – nie verschleiert. Die Demokratie war für ihn nur ein Instrument, um das Ruder zu übernehmen. Ihm spielte in die Hände, dass die gemäßigten Parteien glaubten, ihn kontrollieren zu können. Legendär der Ausspruch Franz von Papens, man werde Hitler binnen kurzer Zeit so in die Ecke gedrängt haben, »dass er quietscht«. Der solchermaßen Unterschätzte sollte nicht nur die etablierten Parteien eines Besseren belehren. Hitler war nach den Spielregeln der Demokratie an die Macht gekommen, er hatte sich ihrer bedient – um sie danach Schritt für Schritt durch eine Diktatur zu ersetzen.

Ein ähnliches Verhältnis zur und ein ähnliches Verständnis von der Demokratie hatten und haben auch die Muslimbrüder. Nach dem Tod ihres Führers Hassan Al-Banna erkannte die Muslimbruderschaft, dass sie Allianzen schmieden musste, die ihr auf dem Weg an die Macht nützlich sein könnten. Sie suchte zunächst die Nähe zur »Bewegung der freien Offiziere«, angeführt von Gamal Abdel-Nasser. Diese Gruppe war verbittert aus dem verlorenen Krieg in Palästina zurückgekehrt; Israel war nicht geschlagen worden, die britische Besatzung dauerte an, der König galt als zu schwach oder nicht willens, daran etwas zu ändern.

Die Muslimbrüder, die sich nun offen gegen Farouk stellten, unterstützten im Juli 1952 den Militärputsch. Der König musste abdanken und floh nach Italien. Danach kam es zu einem Machtkampf in Ägypten, die Allianz hielt nicht lange. Gamal Abdel-Nasser wollte den Sozialismus einführen, die Muslimbrüder forderten einen Gottesstaat. Die Linke und die Liberalen setzten sich für die Wiederherstellung der Demokratie ein. Nasser war bereit, Zugeständnisse zu machen und demokratische Reformen durchzuführen, doch die Muslimbrüder rebellierten und überzogen das Land mit Terror. Nach einem gescheiterten Attentat auf Nasser im Oktober 1954 wurde die Führungsspitze der Islamisten verhaftet, einige wurden hingerichtet. Die Vereinigung der Muslimbrüder wurde zum zweiten Mal in ihrer Geschichte verboten, Zehntausende ihrer Mitglieder wurden in Lager gesteckt. In den Gefängnissen radikalisierte sich die Bruderschaft weiter, draußen bildeten sich Splittergruppen und Terrorbewegungen, die später nicht nur Ägypten, sondern die ganze Welt das Fürchten lehren sollten. Die drei gefährlichsten Gruppen, die sich damals von der Muslimbruderschaft abspalteten, waren al-Dschihad al-Islami, al-Dschamaa al-islamiyya und die takfir-wal-hidschra-Bewegung.

Mitte der sechziger Jahre wurde Ägypten von einer erneuten Terrorwelle erfasst. Fabriken und militärische Einrichtungen wurden von Islamisten angegriffen und verwüstet. In der Folge kam es zur Hinrichtung des neuen Vordenkers der Bewegung, Sayyid Qutb. Das Gedankengut dieses Vaters des Neo-Dschihad beeinflusst Islamisten überall in der islamischen Welt bis heute. Dazu später mehr.

Die zweite Niederlage Ägyptens im Sechstagekrieg 1967 war der ideologische Durchbruch für die Islamisten. Sie sahen die säkular-sozialistische Politik Nassers gescheitert und wollten den Traum vom Gottesstaat wiederbeleben. Die neue Parole der Muslimbruderschaft war geboren: *al-Islam huwal-hall,* »der Islam ist die Lösung«. Die Parole stieß auf breite Zustimmung bei den Massen, doch in Nassers Polizeistaat hatten die Muslimbrüder kaum Zugang zu den Institutionen. Hinzu kam, dass viele Lehrer, Universitätsprofessoren, Ärzte und Ingenieure aus den Reihen der Muslimbrüder nach Saudi-Arabien ausgewandert waren. Was zunächst als Schwächung wahrgenommen wurde, entpuppte sich nun als hilfreich. Denn die Exilanten hatten fleißig die Dschihad-Gedanken von Sayyid Qutb verbreitet und die Grundlage für eine erste Hochzeit zwischen dem saudischen Wahhabismus und der Bruderschaft gelegt.

Nach dem überraschenden Tod von Gamal Abdel-Nasser im Jahr 1970 übernahm dessen Vize Anwar al-Sadat die Macht am Nil. Er strebte einen Kurswechsel an, wollte sich von der Sowjetunion lösen und eine Politik der Öffnung Richtung Westen wagen. Doch Nasseristen und Marxisten rebellierten gegen ihn. Eine demokratische Studentenbewegung bildete sich, die Sadat vorwarf, seine Politik könne gar nicht in demokratische Reformen münden, solange er den gleichen autoritären Machtstil beibehalte wie Nasser. Der von allen Seiten Angegriffene suchte Verstärkung – und fand sie in den Muslimbrüdern und ihren islamistischen Verbündeten. Die Muslimbruderschaft wurde erneut zum Zünglein an der Waage, zu einem wichtigen Instrument des Machterhalts. Doch auch diesmal sollte sie in die Hand beißen, die sie fütterte. Später war es dann die Terrorgruppe al-Dschihad al-Islami, die Präsident Sadat umbrachte, weil er einen Friedensvertrag mit Israel geschlossen hatte. Das wiederum veranlasste Sadats Nachfolger Husni Mubarak, den Polizeistaat weiter auszubauen. Immer wieder rechtfertigte der Diktator sein hartes Durchgreifen und die Verzögerung demokratischer Reformen damit, dass er dies tue, um die Gefahr des Islamismus abzuwenden.

Es scheint ein immer wiederkehrendes Muster zu sein: Die Muslimbruderschaft sucht den Zugang zur Macht, paktiert und unterstützt, wechselt die Seiten, wird verboten und wieder rehabilitiert – und geht doch jedes Mal gestärkt aus diesen Schleifen hervor.

Einige der islamistischen Kämpfer flohen damals aus Ägypten und setzten sich nach Afghanistan ab, wo sie gegen die Sowjets kämpften. Dort kam es zur zweiten Hochzeit zwischen dem Wahhabismus und der Muslimbruderschaft. Nach dem Krieg kehrten sie nach Ägypten, Algerien und Saudi-Arabien zurück und starteten dort neue Terrorwellen, die sich gegen die Polizei, Touristen und ausländische Einrichtungen richteten. Der politische Flügel der Vereinigung war währenddessen in Ägypten weiter aktiv geblieben. Nach außen gab man Lippenbekenntnisse gegen Gewalt ab, hinter den Kulissen wurde fleißig am Aufbau eines internationalen Geheimbunds gearbeitet – getreu dem in den zwanziger Jahren festgelegten Ziel, erst den arabischen Raum zu islamisieren, dann die Welt zu erobern.

Nach außen hin schien es, als seien die Muslimbrüder während der dreißig Jahre andauernden Herrschaft von Mubarak eine zu vernachlässigende Größe. Doch niemand profitierte von dem Stillstand während dieser Periode mehr als die Islamisten. Auf Feldern, in denen der Staat versagt hatte, wie in der Bildung oder im Gesundheitswesen, waren die Islamisten da und bauten ihre Strukturen auf: Schulen, karitative Einrichtungen, Krankenhäuser. Auch wenn sie de facto weder für eine bessere Bildung noch für eine bessere Gesundheitsversorgung der Bevölkerung sorgten, geschweige denn ein Konzept gegen die Armut hatten, gewannen breite Schichten der Bevölkerung den Eindruck, die Muslimbrüder seien tatsächlich eine Alternative.

Nach dem Ausbruch des Arabischen Frühlings vor drei Jahren schien es, als seien die Muslimbrüder der Verwirklichung ihres ersten Ziels sehr nahe gekommen. Die Wahlen 2011 und 2012 bescherten ihnen die Mehrheit in Ägypten und Tunesien. In beiden Ländern versuchten sie in Windeseile, ihre islamistische Agenda umzusetzen. Vor allem in Ägypten trug diese Agenda faschistoide Züge – das alte Fünfzig-Punkte-Programm, das damals wie bereits erwähnt im Parlament diskutiert wurde. Durch die Ermächtigungsdekrete von Präsident Mursi sollten die Justiz islamisiert, die Wahlgesetze geändert und die Institutionen des Landes unterwandert werden. Maßnahmen, die auch Hitler nach seinem Wahlerfolg rasch umgesetzt hat.

Anders als damals in Deutschland entpuppte sich nun aber die politisierte Gesellschaft als entscheidende Kraft. Sie wollte nicht länger unbeteiligt zuschauen, wer den ewigen Kampf zwischen Militär und Fundamentalisten für sich entscheidet und die Früchte des Arabischen Frühlings zunichtemacht. Das Volk hat Mubarak gestürzt, weil es Bevormundung und Unterdrückung nicht mehr ertragen konnte. Ist das nun eine Abkehr von der Demokratie? Ich sage: Nein.

Die Demokraten haben bei den Wahlen den Kürzeren gezogen und eine bittere Niederlage hinnehmen müssen. Die Islamisten waren vor allem in den ärmeren Provinzen extrem erfolgreich. Und das nicht nur bei den Parlaments-, sondern auch bei den Präsidentschaftswahlen. Mursi war aber auch von Teilen des liberalen Lagers gewählt worden, weil er versprochen hatte, Präsident aller Ägypter sein zu wollen. Wenige Monate nach seiner Wahl hat er sich als »Mubarak mit Bart« entpuppt. Er trat die Demokratie mit Füßen und erließ Dekrete, die ihm die absolute Macht garantierten. Die Opposition wurde ausgeschlossen, die staatlichen Institutionen wurden unterwandert, kritische Medien juristisch verfolgt. Nach nur einem Jahr Amtszeit gingen die enttäuschten Millionen wieder auf die Straße. Sie zwangen die Armee zu intervenieren, um Mursi abzusetzen.

Es gibt heftige Debatten darüber, ob es sich dabei um einen Putsch gehandelt hat – schließlich war Mursi gewählt. Ich sage: Seine Absetzung war kein Putsch, son-

dern eine Notwendigkeit. Um der Demokratie zu ihrem
Recht zu verhelfen. Und mit dieser Meinung bin ich
keineswegs allein. Da das ägyptische Parlament bereits
aufgelöst war, gab es keine Möglichkeit, etwa ein Miss-
trauensvotum gegen den Präsidenten einzuleiten. Das
Einzige, was blieb, waren Massenproteste. Und die waren so gewaltig, dass die Armee nicht tatenlos zusehen
konnte. Das tat sie sicher nicht ohne Eigennutz. Die Armee hatte von Anfang an so ihre Probleme mit Mursi und
seinen Getreuen. Sie missbilligte seine Syrienpolitik – die
Muslimbruderschaft hatte die Ägypter zum Dschihad
in Syrien aufgerufen –, und auch die Allianz der Bruderschaft mit der Hamas passte den Generälen nicht. Im
Sommer 2012 waren 16 ägyptische Soldaten von Hamas-
Kämpfern im Sinai getötet worden. Und der Dschihad-
Aufruf hatte für einige Unruhe in den Reihen der Soldaten gesorgt. Hinzu kam die amateurhafte Wirtschafts-
politik Mursis, die das Land in den endgültigen Ruin
trieb.
Die Zukunft Ägyptens liegt in den Sternen. Mehrere
Szenarien werden gegenwärtig diskutiert. Als unwahr-
scheinlich gilt, dass die Muslimbrüder in naher Zukunft
wieder an die Macht zurückkehren werden, da sowohl
weite Teile der Bevölkerung als auch die Armee, die Polizei und der Justizapparat gegen sie sind. Anlass zur Hoffnung gibt auch, dass viele Ägypter erkannt haben, wie
armselig das Demokratieverständnis der Muslimbrüder
ist. Eine der Formulierungen, die sie nach ihrem Sieg
über die liberalen Kräfte bei den Parlamentswahlen
immer wieder verwendeten, war: *ghazwat-al-sanadiq*
(Feldzug der Wahlurnen). Das Wort *ghazwa* spielt auf
die Feldzüge an, die der Prophet Mohamed im 7. Jahr-

hundert gegen die ungläubigen Mekkaner geführt hat.
Auch die Kriege Mohameds gegen die jüdischen Stäm-
me auf der arabischen Halbinsel werden mit diesem Be-
griff bezeichnet. Damals wurden Handelskarawanen der
Mekkaner angegriffen und ihrer Waren beraubt, Juden
wurden entweder vertrieben, ermordet oder versklavt.
Das Vorgehen galt als legitim, da Mekkaner und Juden
Ungläubige waren.

Ähnlich gingen die Islamisten nun mit ihren politischen
Gegnern um. Sie bezeichneten sie als Ungläubige und
schlossen sie von den Verhandlungen über die neue Verfassung aus. Als sich Anti-Mursi-Demonstranten mit der
Armee verbündeten und klar war, dass sie den abgesetz-
ten Mursi nicht wieder ins Amt bringen konnten, setzten
die Muslimbrüder auf Gewalt. Sie riefen zur Eliminie-
rung ihrer Gegner auf. Auch das ist ein altbekanntes
Muster, das einmal mehr zeigt, um was für eine totalitäre
Bewegung es sich handelt. Endgültig geschlagen ist sie
keineswegs. Die wechselvolle Vergangenheit der Muslimbruderschaft zeigt ihre Anpassungsfähigkeit. Ihre
Anhänger sind eine Größe, die man nicht vernachlässigen darf. Und die Geisteshaltung, die sie einst hervor-
brachte, gehört in Ägypten noch lange nicht der Vergangenheit an. Denn die Ideologie der Muslimbruderschaft
fußt auf einer langen Tradition.

Kapitel 3

Von Abraham bis Sayyid Qutb – die Wurzeln des Faschismus in der islamischen Geschichte

Jedes Jahr feiern Muslime weltweit das Opferfest. Mit ihm wird an die Geschichte Abrahams und seines Sohnes erinnert, die sowohl in der Bibel als auch im Koran erzählt wird.

Der Stammvater von Juden, Christen und Muslimen sah im Traum, wie er seinen Sohn für Gott opfert. Laut koranischer Erzählung wacht Abraham am nächsten Morgen auf, holt sofort ein Messer und eilt zu seinem Sohn, um ihm von seinem Traum zu erzählen: »Mein Sohn! Ich sah im Traum, dass ich dich schlachte. Nun schau, was meinst du dazu? Er sagte: Vater! Tu, was dir befohlen wird! Du wirst, so Gott will, finden, dass ich standhaft bin.« Im Koran heißt es weiter: »Als sich beide [Gottes Willen] ergeben hatten und Abraham seinen Sohn mit der Stirn zum Boden hingelegt hatte, rief Gott ihm zu: O Abraham! Bereits hast du das Traumgesicht bestätigt! Gewiss, solcherart vergelten WIR es den Rechtschaffenen. Gewiss, dies war die offenkundige Prüfung. Und WIR lösten ihn mit einem großen Schlachtopfer aus. Und WIR bewahrten seine Geschichte unter den Nachkommen. Friede sei auf Erden! So belohnen WIR den Rechtschaffenen. Er ist [einer] von unseren gläubigen Dienern.« Gott hält Abraham am Ende zwar davon ab, seinen Sohn zu opfern, lobt ihn aber als rechtschaffen und würdigt die Entschlossenheit des Mannes, die grausame Tat auch zu vollenden. Statt des Kindes nimmt Gott schließlich ein Tieropfer an.

In dieser Geschichte finden sich mehrere Aspekte, die aufhorchen lassen: Abraham ist bereit, die Befehle Gottes, seines »Führers«, auszuführen, ohne den Sinn oder moralischen Gehalt dieses Befehls in Frage zu stellen. Er ist sogar bereit, den eigenen Sohn zu opfern. Zwei zentrale Aspekte des Faschismus: bedingungsloser Gehorsam und Opferbereitschaft bis zum Äußersten. Mit seinem Handeln – beziehungsweise der Bereitschaft dazu – steht Abraham aber auch für den Kerngedanken des Islam. Der Begriff *islam* leitet sich von dem arabischen Verb *aslama* ab, was »sich hingeben« oder »sich unterwerfen« bedeutet.

Eine weitere Überschneidung ergibt sich aus der Tatsache, dass Abraham seinen Sohn in die Entscheidung mit einbezieht, obwohl sein Sohn als Kind weder von Gott noch von Opferung etwas versteht. Dies ist auch eine Taktik, die Faschisten anwenden: den Massen die Illusion zu geben, als würden sie eine Entscheidung treffen, die längst gefallen ist. Eine perfide Suggestion, die Goebbels in seiner Sportpalastrede zur Perfektion brachte. Das aufgeputschte Volk brüllte »ja« auf die Frage: »Wollt ihr den totalen Krieg?« Als der nicht gewonnen werden konnte, lag es am Volk, das es aufgrund seines mangelnden Einsatzes nicht anders verdient hatte, als unterzugehen.

Der Faschismus ist in gewisser Weise mit dem Monotheismus verwandt. Religionen, die vielen Göttern huldigen, sind in der Regel toleranter und flexibler als die drei monotheistischen Religionen. Denn bei den Polytheisten werden die Aufgaben auf mehrere Götter verteilt: Der eine ist für den Tod, der andere für das Leben, einer für die Fruchtbarkeit, wieder ein anderer für die Zerstörung zuständig usw. Und so ergänzen sich diese Götter nicht nur, sie sind auch voneinander abhängig. Der Gläubige hat die Wahl, sich je nach Anliegen an den einen oder anderen Gott zu wenden. Der abrahamitische Gott jedoch ist eifersüchtig und duldet keine Götter neben sich. Die Idee, dass es nur einen Gott gibt, der uns geschaffen hat, der alles bestimmt, was mit uns geschieht, der uns vierundzwanzig Stunden am Tag beobachtet, der unsere Gedanken und Träume kennt, der unser Leben mit Geboten und Verboten kontrolliert und uns bei Verfehlungen mit Höllenqualen bestraft – diese Idee ist der Ursprung der religiösen Diktatur, die wiederum Vorbild für alle anderen Diktaturen ist. In jeder Diktatur gibt es jemanden, der Zugang zur absoluten Wahrheit hat, der den Menschen den Weg dorthin weist und von ihnen als Gegenleistung verlangt, ihre Individualität und ihren gesunden Menschenverstand aufzugeben und ihm als Inhaber dieser absoluten Wahrheit bedingungslos zu folgen. Die Erlangung des Heils ist nur durch die Beschreitung dieses einen Wegs möglich. Alle anderen Wege führen in die Irre und ins Verderben.

Abraham, Mohamed und das Trauma der Spaltung

Abraham war lange auf der Suche, bis er nach einem religiösen Erweckungserlebnis den einen, wahren Gott gefunden hatte. Laut Bibelerzählung verließ er danach seinen Stamm und zog aus, um diesen wahren Gott zu

ehren und anderen Menschen von ihm zu erzählen. Laut
Koran blieb er bei seinem Stamm und legte sich mit sei-
nem Vater Azar an, der vielen Göttern huldigte. Abraham zertrümmerte die Götzenbilder der Gottheiten und
forderte, das Volk möge sich von diesen abwenden. Die
Wütenden ergriffen ihn und warfen ihn ins Feuer, weil er
die Götter geschändet habe. Doch Gott ließ das Feuer
erkalten, und Abraham überlebte wie durch ein Wunder.
Mohamed kam als junger Händler auf seinen zahlreichen
Reisen nach Damaskus mit vielen Christen und Juden in
Kontakt und hörte von ihnen auch Geschichten aus der
Bibel. Die Erzählungen über Abraham waren zentral für
seine spätere Botschaft, die er Islam nannte. Seinen einzigen Sohn nannte Mohamed Ibrahim, die arabische Form
von Abraham. Um seine Botschaft auch für die Christen
und Juden Arabiens interessant zu machen, berief er sich
wie sie auf Abraham als Stammvater. Mit einem feinen
Unterschied. Mohamed hatte in der biblischen Erzählung Abrahams Sohn Ismael entdeckt, dem in der Bibel
keine große Rolle zukommt. Von dem Sohn der ägyptischen Sklavin Hagar wird nur erzählt, dass Abraham ihn
mit seiner Mutter in der Wüste allein gelassen habe, weil
seine Frau Sarah auf Hagar und deren Sohn eifersüchtig
gewesen sei. Mohamed behauptete außerdem, Abraham
habe eigentlich seinen Sohn Ismael und nicht Isaak opfern wollen. Somit wäre das abrahamitische Erbe bei den
Nachfahren Ismaels geblieben, zu denen sich Mohamed
und sein Stamm zählten. Konsequenterweise wird im
Koran erzählt, dass Abraham gemeinsam mit seinem
Sohn Ismael die Kaaba gebaut habe, damit sie zur Pilger-
stätte für alle seine Nachfahren werde. Ein geschickter
Schachzug, mit dem Mohamed auch die arabischen Stäm-

me für seine neue Bewegung gewinnen wollte, die die Pilgerfahrt seit jeher als das wichtigste Ritual ihrer heidnischen Traditionen sahen.

Die Kaaba von Mekka galt damals als religiöses Zentrum Arabiens. Die Stadt lag auf der wichtigen Handelsroute zwischen Damaskus und dem Jemen. Vor dem Islam durfte jeder Stamm seine Gottheiten in oder um die Kaaba herum aufstellen, die somit ein polytheistisches Zentrum war. Christen war es erlaubt, Bilder von Jesus und Maria sogar innerhalb der Kaaba aufzuhängen. Eine pragmatische Haltung, die damals notwendig war, da die Kaaba Treffpunkt aller Händler des arabischen Raums war. Eine Toleranz, die der Stadt nach dem Siegeszug des Islam abhandenkam. Als Mohamed seine neue Botschaft in der Stadt verkünden wollte, ließen ihn die Mekkaner vor der Kaaba predigen. Er gab sich anfangs offen und sagte: »Euch euer Glaube und mir mein Glaube.« Erst als er die anderen Gottheiten aus dem Bereich der Kaaba verbannen wollte, kam es zu einem Konflikt zwischen ihm und den Vertretern der anderen Stämme, die vor allem um ihre Handelsbeziehungen fürchteten. Eine Furcht, die nicht unbegründet war. Die vorislamische Zeit war geprägt von Streit und Kämpfen unter den arabischen Stämmen. Ein ständiger Brandherd, der geschickt geschürt wurde von zwei Weltmächten, die an der Grenze Arabiens lagen: das byzantinische und das persische Sassanidenreich. Beide verstanden es, die arabischen Stämme als Vasallen in Stellvertreterkriege auf der arabischen Halbinsel zu schicken.

Mohamed träumte dagegen von einem Großarabischen Reich mit der Kaaba als religösem Zentrum. Damit stand er in bester Familientradition. Schon sein Großvater

Qusai Ibn Kilab hatte versucht, die zerstrittenen arabischen Stämme zu einen, und deshab den Schulterschluss mit den Medinern gesucht. Aber er starb, bevor er sein Vorhaben verwirklichen konnte. Sein Enkel Mohamed sollte von den früheren Allianzen seines Großvaters mit Medina, das damals noch Yathrib hieß, profitieren.

Dreizehn Jahre lang predigte Mohamed in Mekka – ohne nennenswerten Erfolg. Nur wenige hundert Menschen folgten ihm, die meisten von ihnen waren Sklaven. Erst als er mit seinen Anhängern nach Medina zog, erlebte er seinen Durchbruch. Er schlichtete zwischen den verfeindeten großen Stämme Aos und Khazradsch und wurde zum Herrscher von Medina gekrönt.

In Medina suchte Mohamed zunächst die Nähe der Juden, deren Rituale ihm gefielen; er führte jüdische Gebote und Verbote ein, wie zum Beispiel die Reinigungsrituale, Gebet, Fasten und das Verbot, Schweinefleisch zu verzehren. Er legte sogar Jerusalem als Gebetsrichtung für die Muslime fest. Seine Gebote und Verbote nannte er *Scharia,* eine wörtliche Übersetzung des jüdischen Begriffs *Halacha* (so wird der rechtliche Teil der Überlieferung des Judentums genannt, in dem auch Verhaltensregeln festgeschrieben sind); auf Hebräisch und Arabisch bedeutet das »der Weg«.

Mohamed ließ sogar eine Verfassung niederschreiben, eine Art Erklärung zum Zusammenleben von Muslimen und Juden in 52 Artikeln. Sie garantierte die Glaubensfreiheit, verletzte aber die jüdische Neutralität in einigen Bereichen. So wurden die Juden dazu verpflichtet, Mohamed militärisch beizustehen und keine Geschäfte mit den heidnischen Mekkanern mehr zu machen. Er hoffte, dass Juden und Christen seine neue Religion annehmen würden, da er sich auf Abraham berief und die Geschichten der Propheten aus der Bibel auch in den Koran integrierte. Doch die Mehrzahl der Andersgläubigen blieb auf Distanz. Vor allem die in Medina lebenden Juden wollten ihre Neutralität und Flexibilität gegenüber anderen arabischen Stämmen nicht gefährden. Einige von ihnen kooperierten sogar mit den Mekkanern, die sich im Krieg gegen Mohamed befanden. Als Reaktion strafte Mohamed den jüdischen Stamm der Khyber mit totaler Vernichtung. Bis heute rufen Islamisten auf Demonstrationen weltweit: »Kheybar, Kheybar, ihr Juden, Mohameds Armee wird zurückkehren.«

Danach vollzog der Prophet eine Kehrtwende. Wer sich nicht mit Worten überzeugen ließ, musste eben mit Gewalt auf den rechten Weg gebracht werden. Als Mohamed seine Heimatstadt Mekka zurückerobert hatte, sprach er nicht länger von »euch euren Glauben und mir meinen Glauben«. Wie einst Abraham das getan hatte, zerstörte er all die Götzenbilder, die um die Kaaba standen. Alle, die seine Herrschaft über Mekka ablehnten, ließ er hinrichten. Selbst einen unbewaffneten Mann, der Zuflucht in der Kaaba gesucht hatte, ließ er töten. Ein Tabubruch, galt die Kaaba doch als kampffreie Zone.

Die Stadt Medina ließ er von Juden und Christen vollständig säubern. Er stellte eine Truppe zusammen, die die Aufgabe hatte, Attentate auf Mohameds Gegner zu verüben. Unter den Opfern waren nicht nur Stammesführer, die zum Krieg gegen Mohamed und seine Anhänger rüsteten, sondern auch jüdische Dichter, die ihn kritisierten oder sich über ihn lustig machten. Besonders brutal war die Ermordung einer alten Frau, die Mohamed als Lügner bezeichnet und vierzig ihrer Kinder und Enkelkinder

ermutigt hatte, gegen ihn in den Krieg zu ziehen. Mohamed schickte seine Spezialtruppe, angeführt von seinem
Adoptivsohn Zaid, um sie zu bestrafen. Zaid tötete all
ihre Kinder und Enkel; nur eine schöne Frau verschonte
er, die er als Sklavin zurück zu Mohamed brachte. Die
alte Frau ließ Zaid zwischen zwei Pferde binden, die in
entgegengesetzte Richtungen getrieben wurden und die
Frau so bei lebendigem Leib entzweirissen.

Mohamed versetzte seine Gegner durch Gewalt in Angst
und Schrecken und pflanzte die Saat der Intoleranz in das
Herz des Islam. Eine Saat, die aufgegangen ist und bis
heute Früchte trägt. Dank Mohamed wurde ein einst
multireligiöses Zentrum monotheistisch. Dank ihm wurde der Gott des Islam ein erhabener, unberechenbarer
und wütender Gott. Ein Gott, der immer diktiert und nie
verhandelt, der Abtrünnige mit Höllenqualen bestraft,
über Leben und Tod richtet und nie in Frage gestellt werden darf. Ein machtbesessener, eifersüchtiger Gott, der
keine Götter neben sich duldet und für den Erhalt seiner
Macht über Leichen geht.

Fast die Hälfte der Kriege, die Mohamed auf der arabischen Halbinsel führte, richtete sich gegen jüdische
Stämme, die sich ihm nicht unterwerfen wollten. Plötzlich
wurde die Sprache des Koran Juden gegenüber sehr pole-
misch und feindselig. Nachdem sie zunächst »gläubige
Leute des Buches« genannt worden waren, wurden sie
nun zu »Verfälschern des Buches«. Die Feindseligkeit
steigerte sich dermaßen, dass der Koran die Juden »Affen«
und »Schweine« nannte. Drei jüdische Stämme wurden
aus Medina verbannt, der vierte wurde des Hochverrats
beschuldigt. Auf Weisung Mohameds wurden alle Männer des Stammes hingerichtet, Frauen und Kinder wurden

als Sklaven verkauft. Medina war nun frei von Juden, die Gebetsrichtung wurde von Jerusalem nach Mekka verlegt. Im Koran ist diese Auseinandersetzung mit den Juden in Sure 8 verewigt, der Text beschreibt Juden als Tiere, die zum Verrat verdammt seien: »Wahrlich, schlimmer als die Tiere sind bei Allah jene, die ungläubig sind und nicht glauben werden. Es sind jene, mit denen du einen Bund geschlossen hast, dann brechen sie jedes Mal den Bund, und sie fürchten Allah nicht. Darum, wenn du sie im Krieg anpackst, erschrecke mit ihnen diejenigen, die hinter ihnen sind, auf dass sie ermahnt seien.«

Damit begann das Unternehmen »Säuberung Arabiens«. Die Halbinsel sollte von allen Ungläubigen befreit werden, um als Basis für das islamische Reich, das expandieren sollte, zu dienen. Es ist die Geburtsstunde des islamischen Ur-Faschismus.

Als Mohamed starb, hinterließ er den Muslimen den Koran und Zigtausende *Hadithe,* die detaillierte Anweisungen für alle Lebensbereiche enthalten. In ihnen steht sogar, wie ein Muslim sich gottgefällig auf der Toilette zu benehmen hat. Doch was er vergessen hat, war, seiner Gefolgschaft mitzuteilen, wer nach ihm die Herrschaft übernehmen sollte und welche Legitimation dieser neue Führer benötigte. Dies führte wenige Jahre nach Mohameds Tod zu heftigen Auseinandersetzungen unter den Muslimen, die in der Spaltung der Gemeinschaft in *Schia* und *Sunna* gipfelten. Der wesentliche Unterschied zwischen Schia und Sunna lag darin, dass die Schiiten nur direkte Nachfahren Mohameds als legitime Nachfolger des Propheten akzeptieren wollten, während Sunniten jeden als Anführer annahmen, der einem der zehn Stäm-

me von Mekka entstammte. Der Konflikt zwischen
Schiiten und Sunniten mündete in einen brutalen Bürgerkrieg, der die islamische Bewegung wenige Jahre nach
dem Tod Mohameds vor eine Zerreißprobe stellte.

Unter dem traumatischen Eindruck dieser Spaltung ent-
wickelte sich mit der Zeit das Konzept von *hakimiyyatu-
llah,* der Herrschaft Gottes auf Erden. Die Idee dahinter
war nicht nur, dass Gott der Einzige ist, der dem Herrscher die Macht verleihen oder entziehen kann, sondern
dass er durch den Herrscher auf Erden regiert. Somit
wäre der Herrscher der Stellvertreter Gottes auf Erden
und der Vollstrecker seines Willens. Jeder Muslim war
verpflichtet, dem Herrscher gehorsam zu sein. Jede Auf-
lehnung, jede Kritik an ihm wurde so zu einer Infrage-
stellung Gottes.

Bei den Schiiten führte *hakimiyyatu-llah* zum Konzept
des Imams, bei den Sunniten zu dem des Herrschers von
Gottes Gnaden. Und so bestand vor allem unter den
Sunniten Einigkeit darüber, dass eine Revolte gegen den
Machthaber immer auch eine Revolte gegen Gott ist.
Eine solche Revolte führe zu Spaltung und Verwirrung
der *Umma,* der religiösen Gemeinschaft aller Muslime.
Das belegten auch zwei Passagen im Koran. Die eine
besagt: »Seid Gott, seinem Propheten und den Befehls-
habern unter euch gehorsam«, die andere warnt: »Spaltung ist schlimmer als Mord.«

Eine Überzeugung, die auch bei faschistischen Bewegungen und totalitären Regimen von zentraler Bedeutung
ist. Jeder, der vom Glauben oder der Ideologie abweicht,
wird entweder als Ungläubiger oder Vaterlandsverräter
angesehen und verstoßen oder hingerichtet.

In den meisten sunnitischen islamischen Staaten, in denen der Gottesstaat noch nicht verwirklicht wurde, wie in Ägypten, Marokko und Jordanien, argumentiert man, dass wir Muslime alle möglichen Modelle ausprobiert hätten – vom Nationalismus über Marxismus bis hin zum Kapitalismus. Diese Systeme hätten aber in der islamischen Welt keine Früchte getragen, sie seien fremd und unislamisch. Deshalb biete sich die islamische Orthodoxie als die einzig authentische Alternative an. Die Geschichte belege, dass die glorreichsten Tage jene gewesen seien, an denen der Wille Gottes auf Erden vollstreckt wurde. Der Traum von Salafisten und Dschihadisten ist es bis heute, das Rad der Geschichte zurückzudrehen und zum gleichen Gesellschaftsmodell zurückzukehren, das Mohamed in Medina installiert hatte. Wenn die Gesellschaft vollständig islamisiert ist, soll die Lehre des Propheten die ganze Welt erobern, um Gottes Willen zu vollenden.

Ibn Hanbal, Saladin und der Traum von der Einheit

Es gibt vier unterschiedliche theologische Rechtsschulen im Islam. Die malikitische, die schafiitische und die hanafitische Schule gelten als moderat, da sie begrenzte Interpretationsmöglichkeiten des Koran und der islamischen Tradition vorsehen. Ein Muslim, der nach einer dieser drei Schulen lebt, hat gelegentlich die Möglichkeit, zwischen mehreren Verhaltensweisen wählen zu können, die ihm das Leben in der modernen Welt erleichtern. Dabei muss er den Rahmen der islamischen Ordnung nicht verlassen. Letztlich sind aber auch diese drei Schulen konservativ, da sie Interpretations- oder Ermessensspielräume nur dann vorsehen, wenn sich keine eindeutige Textstelle im Koran oder keine Aussage des Propheten zu einem bestimmten Thema finden lassen. Da der Prophet Zigtausende Aussagen hinterließ, die einem Muslim in jeder erdenklichen Lebenssituation einen Anhaltspunkt geben, ist der Spielraum für Interpretationen sehr eng.

Die konservativste aller Rechtsschulen ist jedoch die hanbalistische, die im 9. Jahrhundert nach der Spaltung der Muslime in Schiiten und Sunniten von Ahmad Ibn Hanbal (780–855) in Bagdad gegründet wurde. Bagdad war zu jener Zeit eine weltoffene Stadt, die nicht nach den Gesetzen der Scharia regiert wurde. Alkohol, Tanz und Gesang gehörten zum Alltag. Und am Hof des Kalifen wurden sogar Poesiewettbewerbe veranstaltet, bei denen jüdische, muslimische und christliche Dichter gegeneinander antraten und in ihren Texten auch die Religionen der jeweils anderen kritisierten. Manche dieser Gedichte griffen den Propheten Mohamed direkt an, ohne dass dies als Beleidigung verstanden wurde. Bemerkenswert ist ebenfalls, dass in dieser Zeit islamische Rechtsschulen entstanden, die selbst die Göttlichkeit und Unfehlbarkeit des Koran in Frage stellten. Eine dieser Schulen war die Mu'tazila-Schule, die die Texte des Koran nur im Kontext des 7. Jahrhunderts las. Ihre Anhänger entfachten eine Debatte darüber, ob der Koran tatsächlich ein »ewiges Buch Gottes« oder nicht vielmehr ein auf die Zeit seiner Entstehung bezogenes Dokument sei – ohne weitreichende Bedeutung für die folgenden Jahrhunderte. Da sich das Leben im Bagdad des 9. Jahrhunderts so vollkommen von dem in den Städten Mekka

und Medina im 7. Jahrhundert unterschied, sahen sich die
Anhänger der Mu'tazila-Schule nicht verpflichtet, die
Rechtsordnung von Mohameds Zeit eins zu eins zu übernehmen. Eine Haltung, die heute in der islamischen Welt
kaum vorstellbar ist, ebenso wie das tolerante Miteinander am Hof des Kalifen von Bagdad.

Mit der Expansion des Islam auf Gebiete der ehemaligen
persischen und byzantinischen Reiche kamen muslimische Denker mit der griechischen Philosophie und mit
jüdischen und persischen Erzählungen in Kontakt. Eine
neue islamische Theologie entstand, die bemüht war,
vernünftig zu argumentieren, um mit den Anhängern
der anderen Religionen mithalten zu können. Eine Entwicklung, die konservativen Kräften Sorge bereitete. Ibn
Hanbal fürchtete, dass die Spaltung der Muslime fort-
schreiten und immer neue theologische Schulen miteinander konkurrieren würden, wenn man nicht zum
Koran und den Aussagen des Propheten zurückkehrte
und sie wortwörtlich interpretierte. Interpretationsspielräume würden den Weg ebnen für sektiererische Abspal-
tungen und langfristig zu Bürgerkriegen führen. Deshalb
gründete er jene ultrakonservative Rechtsschule, die den
Kern des fundamentalistischen Islam bis heute ausmacht.
Doch im reichen Bagdad stieß Ibn Hanbals theologisches
Konzept zunächst auf taube Ohren. Und nicht nur das:
Hanbal wurde wegen seiner streng orthodoxen Haltung
sogar ins Gefängnis gesteckt.

Die relativ moderaten Rechtsschulen florierten dagegen
in den Zeiten des Wohlstands und der Stärke des islamischen Imperiums und prägten die Rechtsordnung in
Andalusien, Bagdad und Kairo. Die Stunde der hanba-
litischen Schule schlug erst in Phasen der Krise und

Schwäche, der Spaltung und der Niederlage. Während
der Kreuzzüge etwa wurde die islamische Welt von einer
Welle der Orthodoxie regelrecht überrollt. Man träumte
von einem gläubigen Herrscher, der alle Muslime unter
der Fahne des Islam einen und die christlichen Eroberer
zurückschlagen würde. Saladin kam dem ziemlich nahe.
Er rief den Dschihad aus, besiegte die Kreuzfahrer und
befreite Jerusalem im Jahr 1187 von der christlichen
Herrschaft. Der Traum von der Einheit aller Muslime
und des Sieges über den Westen durchzieht seitdem die
Geschichte, jeder islamistische Führer eifert Saladin nach
und träumt von der Renaissance der Goldenen Zeit des
Islam.

Ibn Taymiyya und das Dschihad-Prinzip

Nach dem Überfall der Mongolen auf die islamische Welt
im 13. Jahrhundert erlebte die Orthodoxie erneut einen
massiven Aufschwung. Die konservative Schule der
Hanbaliten wurde durch einen Gelehrten namens Ibn
Taymiyya wiederbelebt, der als geistiger Vater der mo-
dernen Salafisten und Wahhabiten gilt. Auch Osama Bin
Laden berief sich oft auf ihn, vor allem wenn es um die
Interpretation des Dschihad ging.
Ibn Taymiyya (1263–1328) sah die Hauptaufgabe eines
Herrschers darin, die Gesetze der Scharia uneinge-
schränkt einzuführen und deren Einhaltung zu kontrol-
lieren. Ein Herrscher, der sich nicht an die Scharia halte,
verdiene von seinen Untertanen keinen Gehorsam. Ibn
Taymiyya legte auch *tauhid*, den Glauben an die Einheit

und Einzigkeit Gottes, eng aus. Den muslimischen Sufis warf er vor, sie seien keine Monotheisten, da sie nicht Allah allein verehrten, sondern auch Heilige, deren Gräber sie regelmäßig besuchten. Das Schmücken dieser Gräber war für ihn nichts anderes als ein Zeichen von Heidentum, *kufr*. Ebenso hielt er die schiitische Lehre für eine Verfälschung des Islam, da die Schia den Imamen Attribute der Unfehlbarkeit verlieh. Die syrischen Alawiten bezeichnete er als Abtrünnige, die mit dem Tod bestraft werden sollten. Die islamische Philosophie des Mittelalters lehnte er strikt ab: man könne mit Logik nicht zur Erkenntnis gelangen, sondern allein durch den Glauben an die wahre Lehre des Islam.

Die Haltung Ibn Taymiyyas ist auch eine Folge der historischen Ereignisse jener Zeit. Damaskus war Ende des 13. Jahrhunderts von den Mongolen eingenommen, Ibn Taymiyya selbst von den neuen Herren verhaftet und gefoltert worden. Er verließ Damaskus und bereiste Ägypten und die arabische Halbinsel, mit dem Ziel, die muslimischen Herrscher dieser Gebiete zum Dschihad aufzurufen. Den Dschihad sah er nicht nur als Mittel, die Ungläubigen zu vertreiben, sondern als Gottesdienst, als eine permanente Haltung, die ein Gläubiger gegenüber den Nicht-Muslimen einnehmen solle.

Es gelang ihm, Ägyptens Herrscher Ibn Qalawoon zum Kampf gegen die Mongolen zu überreden, die sich daraufhin aus Damaskus zurückziehen mussten. Ibn Taymiyya predigte den Dschihad nicht nur, sondern beteiligte sich aktiv am bewaffneten Kampf. Seine theologischen Lehren hingegen blieben relativ unbekannt, bis mehrere Jahrhunderte später ein neuer Prediger auf der arabischen Halbinsel seine Gedanken wiederbelebte. Im 18. Jahr-

hundert wollte Muhammad Ibn Abd al-Wahhab die islamische Welt nach dem Konzept von Ibn Taymiyya von
allem säubern, was unislamisch war. Er begann mit der
Zerstörung der Sufi-Gräber auf der arabischen Halbinsel
und forderte, der Dschihad müsse zur Dauerbeschäfti-
gung der Muslime werde. Die Lehre von Ibn Abd al-
Wahhab – letztlich eine schlechte Kopie der Konzepte
von Ibn Hanbal und Ibn Taymiyya – bildet heute die
Grundlage für das Rechtssystem in Saudi-Arabien. Und
sie ist die Basis für das Dschihad-Verständnis des modernen Islamismus.

Sayyid Qutb und die sechste Säule des Islam

Eigentlich begann Sayyid Qutb (1906–1966) seine Karriere als Literaturkritiker. Ihm ist es zu verdanken, dass
die literarische Welt den späteren Nobelpreisträger Na-
guib Mahfuz kennenlernte. Qutb war der Erste, der
schon in den vierziger Jahren des letzten Jahrhunderts
mit mehreren Artikeln auf das literarische Talent des
ägyptischen Autors aufmerksam machte. Dass man Qutb
heute eher wegen anderer Dinge in Erinnerung hat, liegt
daran, dass der westlich orientierte Intellektuelle Qutb
während eines Aufenthalts in den Vereinigten Staaten
Ende der vierziger Jahre in eine schwere Identitätskrise
geriet. Im Auftrag des Bildungsministeriums war er für
zwei Jahre in die USA geschickt worden, um das amerikanische Bildungssystem zu studieren. Qutb war entsetzt, dass in Amerika ihm wichtige Werte mit Füßen
getreten wurden, dass Rassismus, Promiskuität und die

Überhöhung der Bedeutung des Geldes zum Alltag gehörten. All das bewirkte einen radikalen Bruch mit seinem bisherigen Leben. Nach einer religiösen Erwe-
ckungserfahrung begann er, die Werke des indischen
Theologen Abul Ala Maududi zu studieren.

Maududi, den der Zusammenbruch der islamischen Ka-
lifat-Bewegung 1924 schwer erschüttert hatte, hatte die
Muslime weltweit dazu aufgerufen, die Moderne abzulehnen und zu den Wurzeln des Islam zurückzukehren.
Den Dschihad betrachtete er nicht nur als ein Mittel zur
Selbstverteidigung, sondern als ein Instrument, um alles
in der Welt zu bekämpfen, das gegen die islamische Gesellschaftsordnung und Gesetzgebung verstieß. Der Islam
war für ihn mehr als eine Religion: ein System, das alle Be-
reiche des Lebens durchdringt. Islam bedeutete für Maududi Politik, Wirtschaft, Gesetzgebung, Wissenschaft,
Humanismus, Gesundheit, Psychologie und Soziologie.
Er beschwor die Notwendigkeit einer islamischen Welt-
revolution, die den Lauf der Geschichte verändern würde,
und rief alle Muslime auf, sich daran zu beteiligen. Und
zwar unabhängig davon, ob sie in einem islamischen oder
unislamischen Land lebten. Muslimische Denker und Literaten sollten die theoretische Grundlage für diese Revolution liefern, denn »der deutsche Nationalsozialismus
wäre niemals so erfolgreich gewesen ohne den theoreti-
schen Rahmen, den Fichte, Goethe und Nietzsche bereit-
gestellt haben. Hinzu kam die geniale und starke Führung
von Hitler und seinen Kameraden«, wie er gerne betonte.

Ähnlich wie im Faschismus misst Maududi der Opferbereitschaft der Muslime einen hohen Stellenwert zu. Qutb
folgt Maududis Aufruf: »Wenn ihr an die Richtigkeit des
Islam glaubt, bleibt euch nichts anderes übrig, als eure

ganze Kraft einzusetzen, um sie auf Erden vorherrschen
zu lassen. Entweder schafft ihr dies, oder ihr opfert euer
Leben in diesem Kampf.«[3]
Ein Aufruf, in dem die ewige Attraktivität des Dschihad
für junge Muslime begründet ist. Denn durch den Dschihad kann ein junger Muslim seine Ohnmacht und Hilflosigkeit überwinden. Im Kampf kann er entweder sie-
gen und Gottes Willen auf Erden vollstrecken, oder er
wird im Kampf fallen und mit dem ewigen Paradies be-
lohnt. Eine Win-win-Situation sozusagen.
Auch die Tötung anderer ist Maududi zufolge in Kauf zu
nehmen: »Das größte Opfer für die Sache Gottes wird im
Dschihad dargebracht, denn in diesem Kampf gibt der
Mensch nicht nur sein eigenes Leben und sein Hab und
Gut hin, sondern er vernichtet auch Leben und Eigentum
anderer. Doch wie bereits dargelegt, ist einer der Grund-
sätze des Islam, dass wir einen geringeren Verlust auf uns
nehmen sollten, um uns vor einem größeren Schaden zu
schützen. Was bedeutet der Verlust einiger Menschen-
leben, selbst wenn es einige Tausend oder mehr sein
sollten, gegenüber dem Unheil, das die Menschheit be-
fallen würde, wenn das Böse über das Gute und der
aggressive Atheismus über die Religion Gottes den Sieg
davontragen würde.«[4]

Inspiriert von der Lektüre, begann Sayyid Qutb noch in
Amerika, eigene Schriften zu verfassen. In seinem ersten
Essay mit dem Titel »Amerika, das ich kannte« beklagt er
sich über die Dekadenz und den Konsumwahn des Westens und hebt die Vorzüge einer islamischen Gesellschaft
hervor. In seine Zeit in Amerika fiel die Gründung des
Staates Israel; er erfuhr von der Niederlage der arabi-

schen Armeen und hörte ein Jahr später von der Ermordung Hassan Al-Bannas, des Begründers der Muslimbruderschaft. Er kehrte nach Kairo zurück, schloss sich 1951 der Bruderschaft an und wurde ihr wichtigster Vordenker. Seine beiden Bücher »Zeichen auf dem Weg« und »Die Zukunft dieser Religion« gelten bis heute als die maßgeblichen Werke des Islamismus. Als linker Islamist unterstützte er zunächst die sozialistische Politik von Präsident Nasser. Doch als dieser 1954 nach dem gescheiterten Attentat auf ihn die Muslimbruderschaft verbieten ließ, wandte er sich von Nasser ab und nannte dessen Herrschaft unislamisch. Getreu den Lehren Ibn Taymiyyas dürfe man Nasser nicht gehorchen oder als Regent anerkennen, da er die Gesetze der Scharia nicht eingeführt habe.

Von nun an betrachtete Qutb Ägypten nicht länger als ein islamisches Land, das nur einige islamische Reformen brauche, sondern als ein Land des Unglaubens, das eine islamische Eroberung benötige. Eine wichtige Rolle in Qutbs Denken spielte dabei der Begriff *Dschahiliyya,* der eigentlich den Zustand der vorislamischen Welt im Sinne von »Unwissenheit« meint. Ibn Taymiyya hatte die Bedeutung einst erweitert: für ihn umfasste *Dschahiliyya* jede Abweichung einer Gesellschaft vom Islam. Qutb forderte alle Muslime auf, sich zunächst von allem Unislamischen zu reinigen. Erst wenn jeder Einzelne den wahren Glauben und die richtige Überzeugung verinnerlicht habe, könne sich eine starke unabhängige Gesellschaft bilden. Qutb hoffte auf einen Ruck, einen Dominoeffekt, der durch die islamische Welt gehen würde; ein Erwachen, das die Umma des Islam in die glorreichen Zeiten zurückkatapultieren sollte.

Von dem indischen Theologen Maududi entlieh er auch
den Begriff *hakimiyyatu-Allah,* der die absolute Herrschaft Gottes auf Erden bezeichnet. Diese Herrschaft
Gottes steht jeder Form von Nationalstaat, Demokratie oder Souveränität eines Volkes entgegen. Laut Qutb
kann eine Regierung ihre Souveränität nur auf Allah
begründen, indem sie in seinem Namen regiert. Gesetze
und Handlungen, die sich nicht von den heiligen Texten
des Islam ableiten, seien nicht legitimiert. In der *Dschahiliyya,* jenem Zustand, in der sich nach Qutb alle Gesellschaften befänden, die nicht der Scharia folgten, werde
die Souveränität aber auf den Menschen übertragen. Und
das sei Blasphemie.

Auch Ibn Taymiyyas Prinzip des Dauer-Dschihad war
für Sayyid Qutb von zentraler Bedeutung. Damit die
Herrschaft Gottes auf Erden nicht nur ermöglicht, sondern dauerhaft gefestigt werden könne, müsse der Dschihad zur Lebensphilosophie erhoben werden, zur sechs-
ten Säule des Islam, zur Pflicht für jeden Muslim.

Sayyid Qutbs Denken war konservativ und fundamen-
talistisch. Und dennoch war es in gewisser Weise revo-
lutionär. Bis zu diesem Zeitpunkt hatten islamische Gelehrte nämlich selbst Willkür und Dekadenz mancher
Herrscher in Kauf genommen, um Bürgerkriege zu ver-
meiden. Man gab sich staatstragend im Wortsinn, der
Dschihad galt als eine zeitlich begrenzte Aktion, die ein
Herrscher ausrief, wenn muslimische Gebiete angegriffen
wurden oder wenn ein neues Gebiet erobert werden sollte. Doch mit Qutb wurde der Dschihad privatisiert. Wer
als Herrscher keinem Gottesstaat vorstand, war nicht legitimiert; aus Qutbs Sicht dürfen sich die Gläubigen dann
zusammentun und ihrerseits den Dschihad ausrufen.

Nicht zuletzt wegen dieser Gedanken und wegen seiner Beteiligung an der Verschwörung gegen Präsident Nasser wurde Qutb im Jahre 1966 hingerichtet. Seine Schriften aber verbreiteten sich wie ein Lauffeuer und dienten als Gebrauchsanweisungen für islamistische Terror-Bewegungen wie al-Dschihad al-Islami, Dschamaa islamiyya und al-Qaida.

Wenige Monate bevor er zum Präsidenten Ägyptens gewählt wurde, sagte Mohamed Mursi über Sayyid Qutb: »Ich habe seine Schriften gelesen und darin den wahren Islam wiedergefunden.« Die Mehrzahl der Führungskräfte der Muslimbruderschaft heute sind »Qutbisten«, also Anhänger der Qutb-Dschihad-Schule, dem stärksten und einflussreichsten Flügel der Muslimbruderschaft. Weitere Flügel sind der salafistische, der azharitische (Absolventen der religiösen Al-Azhar-Institution) und der sogenannte Reformflügel. Doch als die Muslimbrüder an die Macht kamen, konnten nur die Qutbisten ihre Handschrift hinterlassen.

Kapitel 4

Sein Kampf, unser Kampf –
der arabische Antisemitismus

In einer seiner Kurzgeschichten erzählt Anton Tschechow von zwei Patienten einer Klinik, die einander wie die Pest hassen. Kein Tag vergeht, ohne dass die beiden miteinander streiten. Eines Tages teilen die Krankenpfleger einem der beiden mit, dass der andere gestorben sei. Sie rechnen damit, dass er vor Freude durch das Zimmer tanzen wird. Doch nichts dergleichen geschieht. Am kommenden Tag finden die Pfleger ihn tot auf dem Boden liegend. Der Konflikt mit dem anderen Patienten hat seinem Leben einen Sinn gegeben. Nachdem dieser verstorben war, machte sein Leben keinen Sinn mehr. Es war nicht miteinander gegangen, aber auch nicht ohneeinander.

Man könnte überspitzt sagen, dass diese Geschichte die Beziehung zwischen Muslimen und Juden beschreibt. Zumindest, was die islamische Seite angeht.

Nirgendwo ist der Antisemitismus so stark ausgeprägt wie in der arabischen Welt. Man kann dies mit der Gründung Israels und den darauffolgenden kriegerischen Auseinandersetzungen zwischen den Arabern und dem jüdischen Staat begründen. Man kann sagen, dass die NS-Propaganda hier während des Zweiten Weltkriegs auf besonders offene Ohren gestoßen ist. Tatsächlich spielt Hitlers Buch »Mein Kampf« im arabischen Antisemitismus eine größere Rolle als der Koran. Schon Jahre vor der Gründung Israels prägte die Nazi-Propaganda in

Nordafrika das Bild der Juden in der arabischen Welt. Hitlers Vorstellung von einer jüdischen Weltverschwörung kam bei den Arabern, die selbst unter dem permamenten Gefühl der Erniedrigung und Niederlage litten, sehr gut an. »Mein Kampf« und »Die Protokolle der Weisen von Zion«, die überall in der Welt verboten sind und dies auch bleiben sollten, sind seit Jahrzehnten Dauerbestseller in der arabischen Welt. Auf der Website der Hamas wird aus den »Protokollen« zitiert, als handle es sich bei diesem antijüdischen Pamphlet nicht um eine Fälschung, sondern um den tatsächlichen Beleg für eine jüdische Weltverschwörung.

Man kann aber auch noch einen Schritt zurückgehen und die Frage stellen, ob das tatsächlich ein vergleichsweise neues Phänomen ist oder ob die Wurzeln des arabischen Antisemitismus nicht noch viel weiter zurückreichen.

Schon immer hatte der Hass gegen Juden viel mehr mit dem Selbstbild der Muslime zu tun als mit den Juden selbst. Dies gilt zwar für den Antisemitismus weltweit – auch in Deutschland gelangte er zu einer besonders üblen Blüte, als das eigene Selbstbild schwer angeknackst war –, doch die Beziehung der Araber zu den Juden ist noch einmal anders. Sie sind sich viel ähnlicher, als sie zugeben wollen. Sie haben sich in den letzten zwei Jahrhunderten jedoch in zwei unterschiedliche Richtungen entwickelt beziehungsweise, was die arabische Seite angeht, zurückentwickelt.

Die Ressentiments wurden zwar immer wieder in der islamischen Geschichte geschürt, es gab aber auch Zeiten, in denen Muslime und Juden anders miteinander umgingen. Denn trotz mancher Spannungen gab es keine genuin islamische Theologie des Hasses gegen Juden, wie das im Christentum der Fall ist. Christen machen die Juden für die Ermordung Jesu verantwortlich. Eine weitere Begründung für den europäischen Antisemitismus lieferte das Mittelalter: Bei Christen waren Geldgeschäfte und Handel verpönt, sie blieben den Juden vorbehalten, die gleichzeitig aus den Handwerkszünften ausgeschlossen wurden.

Beide Punkte waren für die Araber kein Problem; Jesus spielt für sie nur eine marginale Rolle, zudem waren sie selbst Händler und hatten in Sachen Geschäfte und Geld keine Berührungsängste. Ursprung des Konflikts zwischen Muslimen und Juden ist die Rivalität um Wahrheit und Territorium. Ein Kampf, den die Muslime zumindest in Sachen Land früh für sich entschieden. Denn die Juden, die niemanden missionieren wollten, blieben ein kleines Volk, während die Muslime innerhalb eines Jahrhunderts durch Eroberungskriege ein Gebiet von Persien bis Andalusien unter ihre Herrschaft brachten. Dort lebten bis zum 16. Jahrhundert 95 Prozent aller Juden.

Bis dahin hatte es immer wieder Wellen jüdischer Migration in die arabische Welt hinein gegeben. Die erste hatte bereits in vorislamischer Zeit stattgefunden. Die zweite erfolgte Ende des 15. Jahrhunderts nach der christlichen Rückeroberung Andalusiens. Viele Juden wanderten damals nach Nordafrika und Ägypten aus und wurden dort freundlich empfangen. Das Osmanische Reich ermutigte sie regelrecht, nach Istanbul und Saloniki zu kommen. In der ersten Hälfte des 20. Jahrhunderts schließlich flohen mehrere Zehntausend Juden vor dem europäischen Antisemitismus und siedelten sich in Palästina an. Doch dieses Mal waren sie nicht willkommen. Mit dem Untergang des Kalifats hatte sich ein unbändiger muslimischer Hass gegen die Juden Bahn gebrochen, der bis heute nicht wieder unter Kontrolle gebracht werden konnte.

Der zweite Kern des Bruderzwists zwischen Juden und Muslimen liegt im Kampf um das Erbe Abrahams begründet und um die Deutungshoheit der beiden monotheistischen Glaubensrichtungen. Nach der Zerstörung des Jerusalemer Tempels durch die Römer im Jahr 70 nach Christus waren viele Hebräer aus Palästina ausgewandert und hatten sich in der Stadt Yathrib auf der arabischen Halbinsel niedergelassen; die Stadt wurde über fünf Jahrhunderte später von Mohamed Medina genannt. Die vorislamischen Araber empfanden die jüdischen Einwanderer damals nicht als Bedrohung. Im Gegenteil, lange lebten die Juden von Medina mit den polytheistischen Arabern friedlich zusammen, verkauften Wein, Waffen und Werkzeuge. Auch zum blühenden Nachtleben sollen sie maßgeblich beigetragen haben. Sie mischten sich nicht ein in innerarabische Auseinandersetzungen und wahrten im Kriegsfall Neutralität. Sie fungierten manchmal sogar als Schlichter in Konflikten um Wasserquellen und Land. Dann kam Mohamed. Wie bereits geschildert, durchlief der Prophet eine Radikalisierung und wandelte sich im Laufe der Zeit vom Bewunderer jüdischer Traditionen und Überzeugungen zum erklärten Gegner, der ganze Stämme vernichten ließ. Mohamed sah die Auseinandersetzung zwischen Juden und Muslimen nicht als temporäre Episode, weil sich diese gegen ihn und seine Politik wandten. Sondern als einen lang andauernden Schicksalskampf, der erst am Ende der Zeit entschieden würde. Er prophezeite: »Das Jüngste Gericht wird nicht kommen, bis die Muslime die Juden bekämpfen und umbringen; bis der Jude sich hinter den Steinen und Bäumen versteckt, und der Stein und der Baum werden sagen: Oh, du Muslim, oh, du Diener Allahs, dies ist ein Jude, der sich hinter mir versteckt, komm und bring ihn um!«

Diese Prophezeiung beflügelt bis heute die »Ausrottungsphantasien« vieler Islamisten, die den Kampf gegen die Juden als heilige Mission betrachten. Friedensverträge und Rückgabe von besetzten Gebieten sind für sie kein Argument, den Krieg gegen die Juden zu beenden. Die Juden gelten als ewige Verräter, und der Kampf gegen sie wird zum göttlichen Plan, der erst mit der Vernichtung aller Juden abgeschlossen ist.

Nach dem Tod Mohameds und der fortschreitenden Ausbreitung des Islam durch Eroberungen war der Umgang der Muslime mit Andersgläubigen wieder von Pragmatismus bestimmt. Die muslimischen Eroberer waren auf die Zusammenarbeit mit Christen und Juden angewiesen. Viele von ihnen waren Ärzte, Handwerker und Übersetzer, die für das neue Imperium enorm wichtig waren. In der sogenannten Goldenen Zeit der Abbassiden, vor allem zwischen dem 9. und dem 11. Jahrhundert, inspirierten sich die Kulturen gegenseitig. Viele Juden machten sich als Berater von Kalifen, als Wissenschaftler, Dichter und Philosophen einen Namen und inspirierten die muslimische Philosophie. Am Hofe des Kalifen von Bagdad wurden, wie bereits erwähnt, Poesiewettbewerbe zwischen jüdischen, christlichen und muslimischen Dichtern veranstaltet. Ihre teils polemischen Texte waren auch dem Volk bekannt und führten weder zu Massendemonstrationen noch zu Pogromen. Vergleicht man die tolerante Haltung der Muslime im 9. Jahrhun-

dert mit der der Muslime im 21. Jahrhundert, erkennt
man, welche Entwicklung die islamische Welt in den
letzten tausend Jahren genommen hat. Ich erinnere nur
an die Folgen der Veröffentlichung der Mohamed-Kari-
katuren in Dänemark.

Jüdische und arabische Kultur beeinflussten und be-
fruchteten sich. Die Tora wurde ins Arabische übersetzt,
die jüdische Theologie durch die Auseinandersetzung
mit der islamischen Philosophie und Theologie berei-
chert, was zur Erneuerung des jüdischen Denkens führte.
Der arabische Einfluss wurde erst im 19. Jahrhundert
schwächer, als das Judentum mehr von der europäischen
Kultur als von der arabischen geprägt wurde.

Mythos Andalusien

Um das Zusammenleben von Juden und Muslimen in
Andalusien rankt sich eine romantische Legende, die erst
sehr spät erfunden wurde. Jüdische Intellektuelle waren
im ausgehenden 19. und beginnenden 20. Jahrhundert
entsetzt über den zunehmenden aggressiven Antisemitismus in Europa und suchten in der Geschichte nach
Beispielen, die belegen sollten, dass Juden mit den Angehörigen anderer Religionen friedlich zusammenleben
können. Sie stießen auf die Geschichte Andalusiens und
romantisierten diese Blütezeit. Muslime, Christen und
Juden hätten acht Jahrhunderte lang in Andalusien friedlich und gleichberechtigt miteinander gelebt und eine
Oase der Toleranz geschaffen, die jene Hochkultur erst
ermöglicht habe.

In Andalusien wie auch in Bagdad galten im 9. Jahrhundert die Regeln der Scharia nicht, Alkohol wurde öffentlich getrunken, Gesang, Tanz und erotische Literatur gehörten zum Alltag. Juden durften hohe Ämter bekleiden und waren in der Politik und in der Armee tätig. Im 11. Jahrhundert wurde der jüdische Dichter und Theologe Samuel Ibn Naghrillah Großwesir, also quasi Regierungschef, am Hof des Berberkönigs Habbus in Granada. Als Ibn Naghrillah auch zum Oberbefehlshaber der Armee ernannt wurde, kam es zum Widerstand unter den muslimischen Theologen in Andalusien. Der sonst eher moderate Geistliche Ibn Hazm sah durch diese Ernennung die Machtposition des Islam auf der Iberischen Halbinsel in Gefahr. Seine Äußerungen stießen vor allem bei muslimischen Migranten aus Nordafrika auf offene Ohren, die der fundamentalistischen Theologie von Ibn Hanbal folgten. Die Zuzügler hetzten gegen Juden, Christen und Muslime, die nicht nach der Scharia lebten.

Als nach dem Tod von Samuel Ibn Naghrillah dessen Sohn Joseph Großwesir wurde, forderten muslimische Theologen die Massen auf, Joseph mit Gewalt abzusetzen. Aufgebrachte religiöse Eiferer wüteten in den jüdischen Vierteln von Granada, zerstörten Häuser und töteten jeden Juden, den sie sahen. Das Pogrom kostete 4000 Juden das Leben, auch das des Großwesirs Joseph Ibn Naghrillah.

Im 12. Jahrhundert eroberten die fundamentalistischen Almohaden weite Teile Andalusiens. Die muslimischen Berber veränderten das Leben in der vermeintlichen Oase der Toleranz und des Wohlstands. Tanz, Musik und das öffentliche Konsumieren von Alkohol wurden ver-

boten. Die *dhimmi*-Gesetze, die Mohamed einst eingeführt hatte, um das Zusammenleben von Muslimen
und Nicht-Muslimen zu regeln, wurden verschärft. Zwar
war Christen und Juden nach wie vor religiöse Freiheit
garantiert, doch sie durften nicht mehr auf Pferden reiten, keine hohen Häuser bauen, keine wichtigen Ämter
besetzen und mussten auf ihrer Kleidung ein Kennzei-
chen anbringen, das Auskunft über ihre religiöse Identität gab. Die Verschärfung hatte zur Folge, dass viele
Juden und Christen zum Islam übertraten.

Philosophie wurde mit Gotteslästerung gleichgesetzt
und unter Strafe gestellt. In Córdoba wurden die Bücher
des großen Philosophen Ibn Rushd (Averroës) verbrannt.
Der Verfasser, der die Werke des Aristoteles kommen-
tiert und zur Entstehung der christlichen Scholastik beigetragen hatte, wurde von den orthodoxen islamischen
Gelehrten in Andalusien zum Häretiker erklärt und ins
Exil geschickt. Das gleiche Schicksal ereilte auch den jüdischen Philosophen Moses Ben Maimonides, der vor
den wütenden Muslimen zunächst nach Fes, dann nach
Kairo fliehen musste. Wie er verließen viele Juden Andalusien, andere mussten zum Islam konvertieren.

Fast zeitgleich kämpften Muslime auf der anderen Seite
des Mittelmeers gegen die Kreuzritter. Bis dahin war
Jerusalem nur eine kleine Stadt gewesen, die kaum Be-
achtung in der islamischen Geschichte gefunden hatte.
Doch als christliche Eroberer Jerusalem einnahmen und
Massen von Muslimen und Juden hinrichteten, wurde
Jerusalem plötzlich zum Brennpunkt, zum Symbol des
Kampfes gegen die Feinde des Islam. Legenden wurden
ausgegraben, wie jene über die nächtliche Reise des Pro-
pheten Mohamed von Mekka nach Jerusalem, um die

Heiligkeit des Kampfes gegen die Christen zu betonen. Im Lauf der Geschichte mochten die Feinde der Muslime wechseln, doch der Mythos von Jerusalem blieb.

Ende des 15. Jahrhunderts war die Reconquista weit fortgeschritten. Die Christen konnten fast alle muslimischen Enklaven in Andalusien zurückerobern. 1480 begann dann sowohl die Massenvertreibung von Juden und Muslimen als auch die Inquisition gegen Konvertiten. Zwischen 1492 und 1526 wurde Andalusien beinahe moslem- und judenfrei. Beide Gruppen ergriffen die Flucht. Spanische Juden wurden in Nordafrika herzlich empfangen, da sie wegen ihres Wissens ein hohes Ansehen genossen. Andere ließen sich im Osmanischen Reich nieder. Während am Hof des Sultans jüdische Ärzte, Gelehrte und Bankiers eine wichtige Rolle spielten, galten die übrigen Juden als Bürger zweiter Klasse. Erst Mitte des 19. Jahrhunderts wurden die *dhimmi*-Gesetze im Osmanischen Reich abgeschafft, doch die Gleichberechtigung bestand nur auf dem Papier. In Frankreich dagegen waren Juden bereits nach der Französischen Revolution als gleichwertige Bürger anerkannt worden.

Als das Osmanische Reich immer schwächer wurde, fielen ganze Territorien an die Großmächte Frankreich und Großbritannien. Nordafrika geriet unter französische, Ägypten, Sudan, Irak und Palästina unter britische Kolonialherrschaft. Die Araber fühlten sich im Würgegriff der überlegenen Europäer. Die Juden, die inzwischen zahlreich nach Europa geströmt waren, sahen in der europäischen Aufklärung dagegen eine Chance, sich zu emanzipieren und anerkannte Bürger zu werden. Die Muslime sahen darin eine Gefahr für ihre religiöse Identität und mauerten sich ein.

Der Mythos von Andalusien als Hort von Toleranz und gegenseitiger Befruchtung der arabischen und der jüdischen Kultur hatte nur so lange Bestand, wie die Machtposition der arabischen Eroberer unangefochten war. Es lag lange im wirtschaftlichen Interesse der Muslime, dass Juden und Christen ihren Glauben behielten, denn sie zahlten deutlich mehr Steuern als Muslime. Noch vier Jahrhunderte nach der islamischen Eroberung waren rund 60 Prozent aller Syrer und Ägypter christlichen Glaubens. Zu dramatischen Phasen der Rückentwicklung kam es, als die islamische Welt zunächst von den Kreuzrittern, später dann von den Mongolen überrollt wurde und als schließlich das Kalifat unterging. Wer mit dem Rücken zur Wand steht, schlägt um sich.

Zionismus, Islamismus und arabischer Nationalismus

Ende des 19. Jahrhunderts erfasste die Welle des zunehmenden Nationalismus auch die arabische Welt. Dort brachte sie zwei Bewegungen hervor, die später zu Erzfeinden wurden und das Schicksal des Nahen Ostens über hundert Jahre hinweg bis heute wesentlich mitgeprägt haben: der Zionismus und der Panarabismus. Beide Bewegungen entsprangen einem Gefühl der Unterdrückung, beide waren nationalistisch geprägt, beide hatten das gleiche Ziel. Man wollte sich von etwas befreien.

Die jüdisch-nationalistische Bewegung wollte dem zunehmenden Antisemitismus in Europa entkommen und einen freien Nationalstaat für alle Juden gründen. Die arabischen Nationalisten wollten die europäische Kolonialherrschaft abschütteln und einen Staat für alle Araber ins Leben rufen – nach dem Vorbild der 1871 unter Bismarck erfolgten Gründung des Deutschen Reiches. Es dauerte nicht lange, bis der moderne Islamismus die Bühne betrat und forderte, dieser Staat für alle Muslime solle nach den Gesetzen der Scharia regiert werden.

Der Nahe Osten sollte zum Schlachtfeld werden, auf dem diese beiden Bewegungen aufeinanderprallten.

Es hätte ein Heimspiel für die Araber werden sollen, das sie aber auf – in ihren Augen – demütigende Art und Weise verloren. Immer und immer wieder. Zum ersten Mal in der Geschichte standen ihnen die Juden nicht nur als ebenbürtige, sondern sogar als überlegene Kontrahenten gegenüber. Ein Schock, eine Wunde, die bis heute schwärt.

Schon vor der Gründung Israels waren die Araber von der Organisation und Effektivität der Zionisten gleichermaßen beeindruckt und gekränkt. Interessant ist die Frage, weshalb es den Zionisten, die zunächst außerhalb des Nahen Ostens agierten und sich damit in einer vermeintlich schlechteren Ausgangslage befanden, gelang, einen funktionierenden demokratischen Staat zu errichten, während das parallel gestartete Experiment der Araber scheiterte.

Nun, der arabische Nationalismus baute auf Mythen und Personenkult auf, der Zionismus dagegen verfolgte als Bewegung mehrere Strategien parallel. Der zionistische Gedanke wurde sowohl in den Schriften orthodoxer Juden wie Nathan Birnbaum als auch säkularer Denker wie Theodor Herzl entwickelt. An zionistischen Kongressen beteiligten sich Journalisten und Rechtsanwälte, Studen-

ten und etablierte Köpfe, Männer und Frauen, was die
Vielfalt des zu gründenden Staates von Anfang an betonte. In Ägypten, Syrien, der Türkei und auch in Iran
bestimmten dagegen nur Männer, die meist im Westen
studiert hatten, im Stile eines erleuchteten Führers den
nationalistischen Diskurs.

Die jüdisch-nationalistische Bewegung agierte auf zwei
Ebenen. Zum einen auf der Ebene des politischen Zionismus, der durch Verhandlungen mit Politikern der
Großmächte die zionistische Idee auf die internationale
politische Tagesordnung setzte. Nicht nur Österreich-
Ungarn, Deutschland, Frankreich und Großbritannien
wollte man vom Recht der Juden auf einen Nationalstaat
überzeugen, sondern auch das Osmanische Reich. Herzl
besuchte sogar den osmanischen Kalifen in Istanbul, um
ihn zu überreden, den Juden ein Stück Land in Palästina
zur Verfügung zu stellen. Zum anderen gab es den prak-
tischen Zionismus, der die Auswanderung der Juden
nach Palästina organisierte und Kibbuze gründete, in
denen sozialistische Ideen in die Tat umgesetzt werden
sollten. Ferner existierte als vitale Strömung ein kultu-
reller Zionismus, der dafür sorgte, dass nicht nur die
jüdischen Traditionen nach Palästina importiert wurden,
sondern auch die Gedanken der Aufklärung.

In Palästina kamen alle zusammen – Intellektuelle, Bauern, Arbeiter und Guerillakämpfer. Als Ben Gurion
im Mai 1948 den Staat Israel ausrief, ordneten sich alle
der Staatsgewalt unter. Bereits vor der Gründung des
Staates hatte Ben Gurion ein Schiff im Meer versenken
lassen, mit dem Untergrundkämpfer Waffen ins Land zu
schmuggeln versucht hatten. Trotz zahlreicher Konflikte
und einer permanenten Bedrohung durch die arabischen

Nachbarn entschied man sich für eine demokratische Grundordnung. Es war die erste Demokratie in der Region. Israel schaffte es, zum Melting Pot für alle jüdischen Einwanderer zu werden, die aus allen Ecken der Welt zusammenkamen. Die anfängliche Diskriminierung von orientalischen und afrikanischen Juden wurde im Laufe der Zeit schwächer.

Auf der anderen Seite verlief das Projekt der Vereinigung aller Araber im Sande, da es von Anfang an ohne Konzept war – sieht man einmal vom Kampf gegen Israel ab. Die Existenz Israels wurde zum beständig wiederholten Argument, man müsse aufrüsten und die Macht der arabischen Anführer stärken. »Keine Stimme darf sich über die Stimme der Schlacht erheben«, sagte Präsident Nasser einmal, um kritisch-pazifistische Stimmen in Ägypten zum Schweigen zu bringen. Die Herrscher wurden zu unantastbaren Despoten, unterdrückten Minderheiten und Gegner ihrer Politik und verhinderten jede gesellschaftliche Dynamik. Ein perfekter Nährboden für islamistischen Fundamentalismus und Antisemitismus, der keineswegs ein neues Phänomen ist. Wenn man den Bogen von Abraham zur Gegenwart schlägt, wird offensichtlich, dass es sich um eine »genuin islamische Krankheit« handelt, wie der tunesich-französische Historiker Abdel-Wahab Meddeb das formuliert.

Der Mufti und der Vordenker –
Antisemitismus macht Schule

1934 wurde in der algerischen Stadt Constantine ein fürchterliches Massaker an Juden verübt. Die antisemitischen Reden des französischen Bürgermeisters – der gesamte Norden des heutigen Algerien war damals französisches Staatsgebiet – hatten die Araber ermutigt, auf die jüdische Bevölkerung loszugehen. Das Pogrom war ein Wendepunkt sowohl für die arabischen als auch für die europäischen Juden.

Von nun an fingen arabische Juden an, sich mehrheitlich westlich zu kleiden. Da sie die französische Staatsbürgerschaft besaßen, emigrierten viele von ihnen nach Paris. Zeitgleich machten sich viele europäische Juden auf die Flucht in den Nahen Osten. Nach der Machtergreifung der Nationalsozialisten in Deutschland wanderten jährlich Zehntausende europäischer Juden nach Palästina aus.

Sowohl arabische Nationalisten als auch Islamisten sahen im Kampf gegen den Zionismus eine Chance, um die Konturen des eigenen Profils zu schärfen. Der syrische Salafist Rachid Reda, der wichtigste Lehrer von Hassan Al-Banna, sprach von einer Weltverschwörung, die die Juden angeblich planten. Mittlerweile waren die »Protokolle der Weisen von Zion« ins Arabische übersetzt worden; sie galten als das Dokument schlechthin, das die wahren Absichten der Juden offenlegte. In den Jahren nach 1929 schürte Amin al-Husseini, Mufti von Jerusalem, antijüdische Ressentiments. In Hebron kam es zu einem Massaker, zwei Jahre später berief Al-Husseini in Jerusalem einen islamischen Kongress ein, auf dem erstmals ein »judenfreies Palästina« gefordert wurde. Der Schritt, direkten Kontakt zu Hitler aufzunehmen, war nur eine logische Konsequenz.

Die Muslimbrüder stellten fest, dass antijüdische Hetze sowohl beim König als auch beim Volk gut ankam. Hassan Al-Banna grub alles aus, was Mohamed je gegen die Juden gesagt hatte, und schmückte seine Reden und Artikel mit Zitaten des Propheten. Die Legende vom »Endkampf« gegen die Juden war wiederbelebt, und Hitler galt als neuer Messias. Die religiösen Eiferer betrieben Propaganda, ließen Teile von »Mein Kampf« übersetzen und unternahmen alles, um den Judenhass unter der Bevölkerung zu maximieren. 1937 begann der große arabische Aufstand gegen Briten und Juden. Die Briten reagierten mit Gewalt, zerstörten die Stadt Jaffo und schlugen den Aufstand nieder. Die gesamte arabische Führung musste fliehen.

Auch der Mufti von Jerusalem ergriff die Flucht und landete nach mehreren Stationen 1941 in Berlin. Von dort aus rekrutierte Al-Husseini Muslime für den Dschihad auf der Seite Hitlers. Die Nazis richteten für ihn sogar eine arabische Radiostation ein, von wo aus er übelste antisemitische Propaganda in die arabische Welt sendete. Der Mufti erfuhr von Himmler, dass bereits drei Millionen Juden umgebracht worden seien und dass die »Endlösung« unmittelbar bevorstehe. Ohne Details zu verraten, verkündete der Mufti die frohe Nachricht an die Araber via Radio und sprach auch von der »Endlösung« in Palästina. Kurz darauf organisierte die Muslimbruderschaft eine große antisemitische Kundgebung in Kairo. Ägyptische Juden wurden auf offener Straße angegriffen, jüdische Geschäfte geplündert. Im gleichen Jahr kam es zu einem

Pogrom gegen die Juden in Bagdad. Jahre zuvor hatte der
Mufti bereits angekündigt: »Jene fremden Einwanderer,
die Zionisten, die werden wir töten bis zum letzten
Mann. Nichts anderes als das Schwert wird das Schicksal
dieses Landes entscheiden.«

Im Jahr 1947 kam es zur UNO-Resolution über die
Teilung Palästinas. Die Juden tanzten vor Freude, die
Araber rüsteten für einen Krieg, den sie verlieren sollten.
Die Rechnung für diesen überhasteten Krieg bezahlten
palästinensische Araber und arabische Juden in Ägypten,
Irak, Algerien und Marokko. Sie wurden vertrieben. Die
arabischen Juden fanden eine neue Heimat in Israel oder
Europa und wurden zum ersten Mal Bürger. Palästinenser landeten als Flüchtlinge in unterschiedlichen arabischen Staaten und wurden dort als Bürger zweiter Klasse
behandelt. Vor allem für sie wird der Antisemitismus
zum Identitätsstifter.

1950 dann legte der Vordenker der Muslimbrüder, Sayyid Qutb, mit seiner Schrift »Unser Kampf mit den Juden« eines der wichtigsten Dokumente des islamistischen
Antisemitismus vor. Qutb bezieht sich in seinem Text auf
den Topos, Juden hätten sich vom ersten Tag an gegen
den Islam verschworen, den sie seitdem nach Kräften bekämpften: »Die Juden von heute gleichen ihren Ahnen
zur Zeit des Propheten Mohamed: Sie zeigen Feindseligkeit, seitdem der Staat von Medina gegründet wurde. Sie verübten Anschläge gegen die Gemeinschaft der
Muslime vom ersten Tag an, an dem diese sich bildete.
Die Juden betrieben Machenschaften und waren dop-
pelzüngig, um die ersten Muslime anzugreifen. Und so
machten sie immer weiter in ihrer Bosheit, um die Gemeinschaft der Muslime von ihrer Religion zu entfernen

und sie dem Koran zu entfremden. Von solchen Kreaturen, die töten, massakrieren und Propheten verleumden, kann man nur eines erwarten: Menschenblut zu vergießen, schmutzige Mittel zu verwenden, um ihre Machenschaften und ihre Bosheit weiter zu treiben. [...] Allah hat Hitler gesandt, um über sie zu herrschen; und Allah möge wieder Leute schicken, um den Juden die schlimmste Art der Strafe zu verpassen; damit wird er sein eindeutiges Versprechen erfüllen.«[5]

Überall in der arabischen Welt wurde der Hass gegen Juden zum Kern auch des Geschichts- und Nationalkundeunterrichts. Später sendeten Satellitensender wie Al-Manar, Al-Aqsa und Al-Dschasira ihre Hetzbotschaften in die Welt hinaus. Sogar Kindersendungen verbreiten antisemitische Klischees, beschwören Märtyrerlegenden und Kampfpropaganda.
Man kann nachvollziehen, wenn junge Palästinenser Probleme mit Israel haben, weil sie – etwa vom Siedlungsbau – unmittelbar betroffen sind. Doch unverständlich ist der zunehmende Antisemitismus unter jungen Muslimen, die mit dem Nahostkonflikt nichts zu tun haben. Wenn Marokkaner in Casablanca, Pakistani in London, Tunesier in Berlin, Somalis in Kopenhagen und Libanesen in Malmö die gleichen antisemitischen Ressentiments pflegen und von der Vernichtung aller Juden phantasieren, lässt sich das nicht mit dem arabisch-israelischen Konflikt erklären. Es ist ein Problem der gesamten islamischen Welt, die mit dem Hass gegen die Juden und gegen den Westen ganze Generationen vergiftet. Wenn Muslime weltweit »Mein Kampf« und die »Protokolle der Weisen von Zion« begeistert lesen und keine

Ahnung von Hume, Kant und Spinoza haben, dann haben sie die Bedeutung vom Lesen nicht verstanden. Wenn ein muslimischer Fanatiker in Talibantracht, ohne Angst haben zu müssen, in Frankfurt seine Hasspredigten auf der Straße verkünden kann, während ein jüdischer Rabbiner in Berlin zusammengeschlagen wird, nur weil er eine Kippa trägt, dann ist das auch ein gesamteuropäisches Problem. Wenn ganze Stadtviertel in London von der muslimischen Religionspolizei kontrolliert werden, während Juden aus der schwedischen Stadt Malmö fliehen, dann ist das Zusammenleben in Europa gefährdet. Der Antisemitismus ist Symptom einer alten Krankheit, die immer wieder ausbricht. Er ist nicht nur Ausdruck einer gefährlich gestörten Selbstwahrnehmung der Muslime, sondern gedeiht auch aufgrund der zunehmenden Gleichgültigkeit vieler Europäer, die dem offenbar wenig entgegensetzen können oder wollen.

Exkurs: Fremd im eigenen Land – die Situation der Kopten

Es ist der 25. Januar 2012, der erste Jahrestag der ägyptischen Revolution, die zum Sturz Mubaraks führte. Samir ist seit vier Uhr früh auf den Beinen. In Muqattam, dem Vorort südwestlich der Innenstadt von Kairo, in dem er wohnt, ist noch alles dunkel, nicht einmal der Mond scheint. Samir, 19 Jahre alt, ist müde und verbittert: »Ich bin Kopte, und ich schleppe Müll rum, aber ich bin kein Müll«, sagt er trotzig. Dann macht er sich auf den zwölf Kilometer langen Weg zur Arbeit.

Vor einem Jahr nahm er diese Route, um mit den Demonstranten zum Tahrir-Platz zu ziehen. Heute interessiert ihn der Platz nur noch, weil er in den Straßen rund-
herum den Müll einsammelt. Das bei Muslimen verpönte
Geschäft liegt in Kairo traditionell in der Hand der Kopten, sechs bis zehn Prozent der Bevölkerung gehören dieser christlichen Kirche an. Mit Lebensmittelresten, die sie
vom Müll trennten, fütterten koptische Züchter jahre-
lang ihre Schweine. Doch vor zwei Jahren war plötzlich
Schluss damit.

Die Islamisten hatten wegen der Schweinegrippe die
Schlachtung aller Tiere in Südkairo durchgesetzt. Samir
ist überzeugt davon, dass es den Fanatikern nicht nur um
die Eindämmung der Seuche ging – sie wollten vor allem
die »Ungläubigen« treffen. An der Diskriminierung habe
nicht einmal der Sturz Mubaraks etwas geändert, im Gegenteil, heute gehe es den Kopten noch schlechter. Deshalb boykottiert Samir auch die Jahresfeier der Revolution. Viele Kopten hätten inzwischen das Land verlassen.
»Ich bin nicht reich, ich kann mir das nicht leisten. Außerdem will ich hierbleiben, ich liebe dieses Land. Aber
ich ertrage die Blicke mancher Muslime nicht mehr, wenn
sie das tätowierte Kreuz auf meiner Hand sehen.« Samir
hat muslimische Freunde. Er weiß, dass nicht alle auf die
Kopten herabsehen. »Viele Muslime gingen sogar mit
uns demonstrieren, als wir uns am 9. Oktober 2011 vor
dem Fernsehgebäude versammelten. Aber auch die sind
letztlich eine Minderheit.«

An jenem Tag wollten die Kopten für ihre religiösen
Rechte demonstrieren. Ein Armeesoldat hatte Samir
freundlich gegrüßt, als er durch die Barrikaden zum
Staatssender gehen wollte. Doch es war eine Falle. Hinter

der Absperrung empfingen ihn zwei weitere Soldaten
und prügelten auf ihn ein. Samir sah, wie eine Gruppe
Christen von einem Armeepanzer zerquetscht wurde.
Einen Mann, der seine Frau retten wollte, zerteilten die
Ketten in zwei Hälften. Etwa dreißig Kopten wurden ge-
tötet, Hunderte verletzt.

Was Samir wirklich schockiert hat, war nicht die Brutalität der Soldaten. Die würden ohne Skrupel auch Anhänger des Islam töten. Die Reaktion vieler Muslime hat ihn
getroffen, die der Armee halfen, die Kopten einzukes-
seln. »Es war nicht nur Ablehnung, sondern purer Hass
in ihren Augen«, sagt er. Zwei Muslime traten ihn mit
Füßen, dann trugen sie ihn weg und warfen ihn in den
Nil.

Ein halbes Jahr zuvor noch hatten Kopten und Muslime
einträchtig nebeneinander demonstriert. In einer viel-
beachteten Szene hatten Kopten eine Menschenkette
um betende Muslime herum gebildet, als diese auf dem
Tahrir-Platz von bewaffneten Mubarak-Anhängern auf
Kamelen angegriffen wurden. Junge Muslime erwiderten
die Geste und beschützten die Christen bei einem Gottesdienst. Es schien einen Moment lang so, als habe die
Revolution die Kraft, die Kluft, die der Glaube gerissen
hatte, zu beseitigen. Doch nur wenige Wochen später war
es zu ersten Zusammenstößen zwischen Kopten und
Muslimen in Alexandria gekommen. Die Gewalt war
eine unmittelbare Reaktion auf die Hetzkampagne gegen
die Kopten, die das Militär in den Staatsmedien führte.
Dass die Hasstiraden auf so fruchtbaren Boden fallen
konnten, liege auch in einer verfehlten Bildungspolitik,
meint Samir. In der Schule würde kaum über die Kopten
und ihre Geschichte aufgeklärt. Und die unversöhnliche

islamistische Ideologie würde Andersgläubigen ihr Menschsein ohnehin weitgehend absprechen.

Samir ist nicht optimistisch, was die Zukunft Ägyptens angeht, aber er will sein Bestes geben. Er möchte das Abitur nachholen, aber er hat keine Zeit, eine Schule zu besuchen. Er lernt zu Hause nach der Arbeit. Später will er Jura oder BWL studieren. Vielleicht werden ihn die Menschen in Ägypten dann respektvoller behandeln. »Aber selbst wenn ich irgendwann einen angesehenen Job kriege, was werde ich mit dem Kreuz auf meiner Hand denn tun?«, fragt er traurig.

Nicht nur in Ägypten, sondern überall in der islamischen Welt werden Christen verfolgt. Im Irak stirbt gerade eine der ältesten christlichen Gemeinden der Welt aus, weil Islamisten Kirchen anzünden und Christen ohne Grund angreifen. Kaum ein Weihnachten vergeht, ohne dass nicht irgendwo auf der Welt eine Kirche in die Luft gejagt oder Christen angegriffen würden. Im Dezember 2013 starben 35 Christen durch eine Autobombe, als sie ihre Kirche nach dem Gottesdienst verließen. In einem der brutalsten Videos, die man auf YouTube finden kann, sieht man, wie zwei Islamisten einen Lastwagen auf einer Straße im Irak anhalten und den Fahrer und seine zwei Begleiter fragen, welcher Religion sie angehören. Zitternd vor Angst behaupten sie, sie seien Muslime. Sie müssen aussteigen. Einer der Islamisten fragt sie nach dem Ritual des muslimischen Morgengebets. Als sie darüber keine Auskunft geben können, lässt er die drei niederknien und mäht sie eiskalt mit seinem Maschinengewehr nieder. Wenn Menschen aufgrund ihrer Herkunft oder ihres Glaubens getötet werden, ist das Faschismus.

Natürlich darf man nicht alle Muslime über einen Kamm scheren. Solche Hinrichtungen wie die eben geschilderte schockieren auch Muslime. Doch es gibt eine nicht zu unterschätzende Zahl, bei denen die Erziehung zu Hass und Ausgrenzung Andersdenkender und Andersgläubiger verfängt. Immer mehr Muslime sprechen Christen eine Existenzberechtigung ab, weil sie Ungläubige seien. Immer mehr arabische Christen müssen, wie einst die arabischen Juden, die arabische Welt verlassen. Dort ist man sich nicht bewusst, dass dies eine erneute Selbstamputation darstellt. Der Wahn, sich von allem Unislamischen zu reinigen, führt zu einer Rückentwicklung. Man mauert sich ein und verschanzt sich hinter der Religion und einer archaisch anmutenden Stammeskultur. Diese Mauer ist der beste Schutz für Diktatoren und das beste Gefängnis für das Volk.

Kapitel 5

Von Gutenberg bis Zuckerberg – Informationsmonopol und islamische Diktatur

Der Islam ist nicht im luftleeren Raum entstanden, sondern baute auf den früheren Geschichten und Legenden des Juden- und des Christentums auf. Auch die arabische Kultur im Mittelalter lebte von Neugier und Wissensdurst. Das Administrationssystem übernahmen die Araber von den Persern, die Organisation des Militärs von den Byzantinern. Ob in Bagdad, Damaskus, Kairo oder Córdoba – die Araber profitierten von den Kontakten zu anderen Kulturen.

In seinen Anfängen war der Islam wandlungsfähig und stellte sich nicht gegen Wissen und freies Denken. In Zeiten des Wohlstands ließen die muslimischen Herrscher andere Glaubensrichtungen und Lebensstile zu und übten keine Kontrolle auf das Denken der eigenen Untertanen aus. Diese relative Freiheit und Gelassenheit im Umgang mit Andersdenkenden hat der arabisch-islamischen Kultur im Mittelalter erst zu Stärke und Wohlstand verholfen. In Krisenzeiten wandelte sich das: In Phasen der Schwächung erhob man den Islam zum einzigen Identitätsstifter, übte Druck auf Andersdenkende und Andersgläubige aus und versuchte, alles Unislamische zu beseitigen. Ähnlich wie die anfängliche Toleranz den Aufstieg beschleunigt hatte, beförderte diese Abschottung nun den Zerfall und Niedergang des muslimischen Reiches.

Dieser Zusammenhang wird in weiten Teilen der muslimischen Welt ignoriert. Im Gegenteil, hier dominiert die Vorstellung, es sei dem Islam allein zu verdanken gewesen, dass zerstrittene Nomaden den Schritt zu einer kulturschaffenden Zivilisation geschafft hätten. Bis heute wird dies von vielen Muslimen als Argument gegen jede Form der Säkularisierung verwendet. Sie meinen, der Islam habe aus den ungebildeten Arabern erst eine Hochkultur gemacht, die Europa im Mittelalter auf allen Gebieten des Wissens überlegen war.

Sie übersehen dabei, dass der Islam als Glaubenssystem kaum etwas zu dieser Blüte beigetragen hat. Die arabische Wissenschaft und Philosophie profitierte von persischen, christlichen und griechischen Einflüssen, die die neuen Untertanen in den eroberten Gebieten aus ihren alten Kulturen bewahrten. In Zeiten, als die Scharia kaum eine Rolle spielte, wie in Bagdad und Andalusien im 9. und 10. Jahrhundert, gab es nicht nur ein Nebeneinander der unterschiedlichen Religionen und Kulturen, sondern auch eine teilweise Verschmelzung. Im Vorderen Orient erzeugte das einen ungeheuren Modernisierungsschub. Avicenna, Farabi, Khwarizmi, Johannes von Damaskus, Averroës und Maimonides, die Hauptmotoren dieses dynamischen Prozesses, waren keine Araber. Die neuen Eroberer waren selbstbewusst genug, dass sie keine Berührungsängste mit Andersgläubigen hatten. Sie nutzten deren Expertise und integrierten den Wissenskanon der anderen in ihre eigene Kultur. Sie ließen die Werke der Antike ins Arabische übertragen und nannten die alten Griechen *al-qudama'a,* »die Vorfahren«. Die arabischen Eroberer trafen auf gebildete, hellenisierte Christen und Juden und debattierten mit ihnen über die

Natur Gottes und über die Schöpfung. In diesem Zuge entstand die systematische Theologie *Kalam,* die in die arabische Philosophie mündete. Man sprach von der metaphysischen Wahrheit und der vernünftigen Wahrheit, die einander nicht ausschließen und nicht miteinander konkurrieren sollten. Eine Logik, die sich später in der europäischen Scholastik wiederfinden sollte.

Diese Freiheit des Denkens und Handelns wurde immer dann beschnitten, wenn die Gelehrten auf eine Bedrohung von außen reagierten und darauf bestanden, die Regeln der Scharia einzuführen. In diesen Phasen kam es nicht nur zu einer Unterdrückung und Verfolgung von Minderheiten, sondern auch zu einer Stagnation des Wissens. Stattdessen setzte man auf die Grundpfeiler des Islam: den Koran als das unverfälschte Wort Gottes, seine Gesetzlichkeit, den Universalitätsanspruch des Islam und den Dschihad als Gottesdienst. Je weiter sich die Muslime von der Zeit des Propheten entfernten, desto unantastbarer wurde der Koran und desto stärker setzten die Muslime auf eine buchstabengetreue Lesart, die keinerlei Interpretationsspielräume zuließ.

Die Kreuzzüge und später der Einfall der Mongolen und die Zerstörung Bagdads führten dazu, dass die Muslime den christlichen und jüdischen Minderheiten gegenüber einen harten Kurs einschlugen. Viele führten die Niederlagen auf die Entfremdung der Muslime von den Prinzipien des Islam zurück, war Bagdad doch ein liberales Zentrum des Denkens und Lebens gewesen, in dem Alkohol, Tanz und Gesang und sogar Häresie geduldet waren. Die Gründe für die Niederlage wurden nicht im militärischen Bereich gesucht, sondern in einer Schwächung des Glaubens.

Die islamische Theologie, die eigentlich auf dem Prinzip *fiqh*, also »verstehen«, fußte, verengte sich und stagnierte. »Das gesamte Wissen befindet sich im Koran«, das war die neue Geisteshaltung, die die Entfernung der Muslime vom weltlichen Wissen einleitete. Der Glaube sollte gereinigt und von fremden Einflüssen befreit werden. Am Ende standen die Verteufelung der Philosophie und des Wissens und die Unterdrückung von Minderheiten, auch von Frauen. Durch das Ende des Austauschs zwischen muslimischen und nichtmuslimischen Denkern wurde die gesellschaftliche Dynamik gehemmt. Hinzu kam ein weiterer Faktor, der die Bedeutung des Nahen Ostens marginalisierte. Die Entdeckung des Seeweges um das Kap der guten Hoffnung im Jahr 1498 durch den Portugiesen Vasco da Gama bedeutete, dass der Handel von nun an andere Routen bevorzugte. Nicht nur die Waren machten einen großen Bogen um die arabischen Gebiete, auch weltliches Wissen und neue Ideen fanden kaum noch einen Weg dorthin.

Auch die Veränderung der Bildungspolitik beschleunigte den Niedergang des Goldenen Zeitalters des Islam. In der Blütezeit war an den Schulen nicht nur der Koran gelehrt worden, sondern auch Mathematik, Philosophie und Medizin, wodurch Forschung und Innovation starke Impulse erhielten. Nach der Zerstörung Bagdads zerbröckelte das Imperium in kleine Reiche (Seldschuken, Fatimiden und Abbasiden, und später Mameluken und Safawiden), die sich gegenseitig bekämpften. Jeder Herrscher umgab sich mit Kriegsfürsten und Söldnern, die seine Macht sichern sollten. Die Kosten dafür waren enorm, Gelder, die vorher in die Bildung geflossen waren, fehlten nun. Da die Regenten ihre Mannen zum Teil

auch mit Ländereien oder ganzen Stadtvierteln entlohn-
ten, gaben sie wichtige Einflussmöglichkeiten aus der
Hand. Denn die Kriegsfürsten errichteten in ihren Stadtvierteln vor allem Moscheen und Schulen, in denen Na-
turwissenschaft und Philosophie keine Rolle spielte. An
diesen Schulen sollte einzig die Religion unterrichtet
werden. Die Lehrer waren gehalten, sich als tadellose
Diener des Islam zu präsentieren; falls sie das nicht taten,
flogen sie oder die Schule wurde gleich geschlossen. Gehorsam und Loyalität gegenüber dem Glauben, nicht
Wissen und freies Denken war der neue Tenor. Von diesem Zeitpunkt an bedeutete Bildung nur noch die religiöse Indoktrination von Kindern. Das Auswendiglernen
und Einimpfen von realitätsfernen Selbst- und Weltbil-
dern katapultierten die islamische Welt endgültig in die
Isolation. Diese Auffassung von Bildung stellt übrigens
bis heute den Kern der Bildungsphilosophie in den meisten arabischen Staaten dar. Wir erinnern uns: Alles Wissen steht im Koran.

Die Todsünde der Osmanen

Wenn Muslime mit der Geschichte des eigenen Zerfalls
konfrontiert werden, behaupten sie oft, die christlichen
Eroberer seien daran schuld. In den Geschichtsbüchern
findet man kaum ein Wort über den Überfall der Mongolen und die totale Zerstörung Bagdads. Dabei haben vor
allem sie die Wissenskultur der Araber massiv und nachhaltig zerstört. Die zentralasiatischen Eroberer entfernten im Jahr 1258 alle Bücher aus den Bibliotheken von

Bagdad und warfen sie in den Eufrat. Denker und
Wissenschaftler wurden hingerichtet, Handwerker nach
Zentralasien verschleppt. Doch in der Schule lernen die
jungen Araber mehr über die bösen Kreuzritter und den
Kampf um Jerusalem. Das liegt daran, dass die Mongolen
später zum Islam übertraten und man ihre Eroberungskriege nun sozusagen rückwirkend mit einem neuen Eti-
kett versehen konnte. Im Namen des Dschihad und der
Ausbreitung des Islam. Auch dass die Mongolen heute
keinem Weltreich vorstehen, mag hier von Vorteil sein.
Dagegen gelten die heutigen Europäer als Nachfahren
der Kreuzritter, als Glieder einer langen Kette von Feind-
seligkeiten des Westens gegenüber den Muslimen. Nach
den Kreuzzüglern seien die europäischen Kolonialher-
ren gekommen, sie beuteten die islamische Welt aus und
beschleunigten den Niedergang. Doch zwischen dem
letzten Kreuzzug im 13. Jahrhundert und Napoleons
Ägypten-Feldzug 1798 liegen genau 507 Jahre, in denen
der Westen die islamische Welt kaum an einer Entfaltung
gehindert hat. Was hat die islamische Welt in dieser Zeit
getan? Was führte in dieser langen Phase zu dieser ekla-
tanten Stagnation des Wissens?
Werfen wir noch einmal einen Blick zurück: Nach dem
Fall Badgads und der Schwächung der zerstrittenen Reiche in Andalusien wurden die Türken zur neuen Groß-
macht. Sie traten zum Islam über und gründeten das Osmanische Reich, das sehr erfolgreiche Eroberungskriege
führte und die Kontrolle über Konstantinopel, das Herz
von Byzanz, erlangte. Zweimal standen die Osmanen vor
den Toren Wiens: 1529 und 1683. Sie behaupteten, ihre
Eroberungen dienten einzig der Absicht, den Islam zu
verbreiten. Das mag vielleicht die türkischen Expansi-

onsbestrebungen Richtung Europa erklären. Nun war
der Nahe Osten allerdings seit langem islamisiert, und
dennoch fielen die Osmanen ein, töteten muslimische
Glaubensbrüder und eroberten 1516 Syrien und im
Jahr darauf Ägypten, bevor sie die gesamte Region kon-
trollierten. Die vierhundert Jahre während osmanische
Herrschaft über den arabischen Halbmond vom heutigen Marokko bis zur Küste des Persischen Golfs schotte-
te diesen Teil der Welt weiter von der benachbarten europäischen Kultur ab. Die siegreichen Türken verbreiteten
sogar noch engstirnigere und konservativere Ideologien
und verankerten ein menschenverachtendes Frauenbild.
Die Geschlechterapartheid, die ohnehin in der arabischen
Stammestradition beheimatet war, wurde durch das türkische Harem-Denken weiter verschärft.

Zwar war das Osmanische Reich in seiner Blütezeit
Europa militärisch überlegen, doch der Koloss stand auf
tönernen Füßen, auch weil er sich jedem Außenimpuls
verschloss. Im 15. Jahrhundert schenkte der Deutsche
Johannes Gutenberg der Menschheit eine Erfindung, die
die Welt für immer verändern sollte: den Buchdruck.
Diese Erfindung brach das Wissensmonopol der Kirche
und der Fürsten, Wissen wurde allgemein zugänglich, es
wurde privatisiert. Martin Luthers Bibelübersetzung und
seine 95 Thesen hätten ohne die Möglichkeit der Vervielfältigung nicht diese Bedeutung erlangt. Der Buchdruck
trug dazu bei, dass das Volk alphabetisiert wurde und
dass später die Gedanken von David Hume, Immanuel
Kant, René Descartes und weiterer europäischer Aufklä-
rer fast überall in Europa zugänglich wurden. Die Menschen hatten Zugang zu Wissen, das nun nicht mehr nur
in Latein, sondern in ihrer eigenen Sprache vermittelt

wurde. Ohne diese Entwicklung ist weder die Wissens-
noch die spätere industrielle Revolution im Westen vorstellbar.

Im Osmanischen Reich mehrten sich die Stimmen, die
forderten, die Gutenberg-Maschine nach Istanbul zu
importieren, um auf der Höhe der Zeit zu bleiben. Doch
die religiösen Gelehrten, die im Reich sehr mächtig waren, lehnten diese Erfindung vehement ab. Mit der Begründung, der Buchdruck könne zu einer Verfälschung
des Koran beitragen. Mit der Vervielfältigung hätten die
Gelehrten die Kontrolle über Inhalte verloren. Und so
blieb die islamische Welt über drei Jahrhunderte lang
von dieser Erfindung und ihrer Wirkung buchstäblich
verschont. Die erste Buchdruckmaschine kam zwar 1729
nach Istanbul, doch sie wurde nur für Angelegenheiten
am Hof des Sultans und der Verwaltung genutzt. Mit
Napoleon kam dann 1798 die erste Druckmaschine nach
Kairo, doch auch dort rebellierten die Al-Azhar-Gelehr-
ten gegen diese teuflische Erfindung. Als die Franzosen
die Druckplatten im Hafen von Abu Qir in Alexandria
ausluden, wurden sie von religiösen Eiferern angegriffen,
die die Platten zerschmetterten.

Nirgendwo wird die Lücke, die zwischen Europa und
der islamischen Welt klafft, offensichtlicher als in ihrem
Umgang mit der Druckmaschine. Die einen nutzten die
neue Erfindung, um die religiöse Bevormundung und das
Wissensmonopol der Kleriker zu durchbrechen und eine
Kultur des kritischen Denkens zu etablieren, während
sich die anderen aus Angst um ihre religiöse Identität und
ihre heiligen Texte gegen das »Teufelszeug« stellten. In
dieser Atmosphäre der Abschottung gedieh die Diktatur
des Islam.

Europa schaffte den Schritt vom Glauben zum Wissen, von der Metaphysik zur Epistemologie. Während im Verlauf des 18. Jahrhunderts die Philosophie der Aufklärung und technische Innovationen in Europa eine industrielle und eine intellektuelle Revolution anstießen, die das »Abendland« innerhalb weniger Jahrzehnte grundlegend veränderten, herrschten im Nahen Osten Lethargie und Aberglaube.

Abd al-Wahhab und das Konzept der »Erneuerung«

Parallel zu den tiefgreifenden Entwicklungen im Norden versuchte auch auf der arabischen Halbinsel ein Mann das Denken radikal zu »reformieren«: Muhammad ibn Abd al-Wahhab (1703–1792), der Gründer der Wahhabiten-Bewegung, forderte, alles Unislamische aus dem Alltag, der Gesellschaft und dem Denken zu verbannen. Die buchstabengetreue Auslegung des Koran sollte verpflichtend werden, alle Nichtgläubigen und selbst muslimische Mystiker sollten bekämpft werden. Geradezu ironisch mutet es an, dass die Bewegung ihren Ansatz *tajdid* nannte, »Erneuerung«.

Das Konzept basierte auf der Prophezeiung des Propheten, dass Allah den Muslimen alle hundert Jahre einen *mujaddid* schicken würde, der den Glauben erneuert. Erneuerung bedeutet in diesem Zusammenhang indes ein Zurück-zu-den-Wurzeln. Als der ägyptische Herrscher Muhammad Ali Pascha diese Bewegung Anfang des 19. Jahrhunderts zerschlagen wollte, weil sie seinen

Modernisierungsversuchen im Weg stand, wurde er von
den Engländern daran gehindert. Die britische Krone
verbündete sich mit dem Stamm der Saudis; eine in man-
cherlei Hinsicht unheilsame Allianz, die nach wie vor
andauert.

Bis heute sind die Wahhabiten Verbündete des saudischen Königshauses. Sie legitimieren die Macht der Mon-
archen und dürfen als Gegenleistung die Bildung und
die religiöse Erziehung im Land bestimmen. Auch als
Moralwächter dürfen die Wahhabiten durch die Straßen
Saudi-Arabiens gehen und »Sünder« verhaften; Männer,
die sich während der Zeiten des Gebets auf der Straße
befinden, oder Frauen, deren Schleier ein wenig verrutscht ist.

Diese Aufgabe übernehmen in abgeschwächter Form die
religiösen Behörden in den meisten islamischen Staaten.
Sie sorgen dafür, dass die Autorität des Herrschers nicht
in Frage gestellt wird, und manipulieren den Bildungs-
kanon und die Erziehung junger Menschen in ihrem Sinne. Sie zensieren die Geschichte, verherrlichen den Islam
und verteufeln seine Feinde. Sie lehnen jede Öffnung ab
und sorgen dafür, dass das Wissensmonopol bei ihnen
bleibt. Sie sorgen dafür, dass Feindbilder in Schulbüchern
und Medien präsent bleiben, und mahnen die Bevölkerung, im Kampf gegen die Bedrohung von außen nicht
nachzulassen.

Nach dem 11. September 2001 wurden einige arabische
Staaten von ihren westlichen Verbündeten unter Druck
gesetzt; man solle dafür sorgen, dass in Schulbüchern
nicht länger Hass gegen den Westen und Andersgläubige
geschürt werde. Tatsächlich wurde ein überraschender
Aktionismus an den Tag gelegt. Vor allem in Saudi-Ara-

bien und Ägypten wurden einige Lehrinhalte entfernt,
die unmissverständlich zu Hass aufrufen. Neue Passagen, die für ein friedliches Zusammenleben zwischen den
Völkern plädieren, wurden eingefügt. Ein letztlich blinder Aktionismus – denn die Grundtendenz der Schulbücher wurde nicht verändert. Es blieben viele pro-
blematische Passagen stehen, weil sie auf Aussagen des
Koran oder des Propheten basieren.

Diese Widersprüchlichkeit bis hin zur Schizophrenie ist
überall in der islamischen Welt anzutreffen, nicht nur in
Schulen. Denn es geht nicht nur um die Geschichte, sondern um eine Religion, die die Welt in Gläubige und Ungläubige unterteilt. Es geht auch um die geopolitische
Lage und die gefühlte Unterlegenheit gegenüber dem
Westen in allen Bereichen des Lebens, die dazu führt,
dass den Muslimen vermeintlich gar nichts anderes übrig-
bleibt, als sich gegen die seelenlose und aggressive Macht
des Westens zu wehren.

Gerade in Saudi-Arabien ist diese Schizophrenie am
deutlichsten zu greifen: Auf der einen Seite steht die wa-
shingtonfreundliche Energiepolitik des Herrscherhauses,
die Öffnung des Landes für alle westlichen Konsumwa-
ren und die Bereitstellung einer Basis für die US-Marines. Und auf der anderen Seite steht eine menschenverachtende, wahhabitische Richtung des Islam, die alle Be-
reiche des Lebens orthodox-religiös deutet und bestimmt.
Das Imitieren eines nach außen hin westlichen Lebens-
stils, den man exzessiv lebt und offenkundig genießt und
zugleich innerlich verachtet, macht diese Schizophrenie
so explosiv. Kein Wunder, dass 15 der 19 Attentäter des
11. September 2001 aus Saudi-Arabien stammten.

Nachdem der saudische Botschafter in Washington die

Lehrpläne seines Landes für »hassfrei« erklärt hatte,
nahm die *Washington Post* im März 2006 einige Bücher
genauer unter die Lupe. In ihrem Artikel kommt sie zu
dem Schluss, dass die Religionsschulbücher nach wie vor
vom Islam als der einzig wahren Religion sprechen und
dass in ihnen der Dschihad gegen Ungläubige und Polytheisten als Pflicht eines gläubigen Muslims dargestellt
wird. Der Bericht listete zahlreiche Beispiele auf, darunter das folgende aus einem Buch für die erste Klasse:
»Ergänze folgende Sätze mit jeweils einem der beiden
Worte (Islam – Hölle): Jede Religion außer _____ ist
falsch. Wer kein Muslim ist, landet in der _____.«
In einem der »reformierten« Bücher für die vierte Klasse
ist zu lesen:
»Der wahre Glaube bedeutet, dass du die Ungläubigen
und die Polytheisten hasst und ihnen mit Härte begeg-
nest.«
Oder: »Wer die Lehre des Propheten befolgt und die
Einigkeit Allahs bezeugt, darf keine Freundschaft mit
Menschen pflegen, die gegen Allah und seinen Propheten
sind, selbst wenn sie zu den nächsten Verwandten ge-
hören.«
Aus dem Buch für die sechste Klasse stammt das nächste
Zitat:
»Die Affen sind die Juden, die Leute des Sabbat, und die
Schweine sind die Christen, die ungläubigen Anhänger
Jesu.«
Die Elftklässler werden so in die Ideologie des Dschihad
eingeführt:
»Kampf gegen Unglaube, Unterdrückung, Ungerechtig-
keit und diejenigen, die sie verbreiten. Dies ist der Gipfel
des Islam. Diese Religion ist durch den Dschihad ent-

standen und durch die Flagge des Dschihad aufgestiegen.«

Es ist ein Treppenwitz, dass ausgerechnet das saudische System seine Schüler lehrt, dass Dschihad den Kampf gegen Unterdrückung und Ungerechtigkeit bedeute – denn dies hieße für Menschen mit gesundem Menschenverstand, dass das saudische System zum Kampf gegen sich selbst aufruft. Aber in einem solchen System, das die Wahrnehmung seiner Untertanen vernebelt, ist kaum jemand imstande, diese unfreiwillige Pointe zu erkennen.

Derartige Bücher werden übrigens nicht nur in Saudi-Arabien als Lehrmaterial benutzt, sondern auch in 19 europäischen Staaten, in denen saudische Akademien existieren. Und selbst wenn in Zukunft einige weitere Inhalte aus Verlegenheit modifiziert werden sollten, bleibt doch die Geisteshaltung der Lehrer die gleiche – denn sie wurden durch die alten Lehren beeinflusst.

Gleiches gilt auch für das Programm, das die saudische Regierung nach dem 11. September zur Bekämpfung des Terrorismus ins Leben rief. Der gleiche Mufti von Riad, der bis dahin die übelsten religiösen Gutachten über die Tötung von Apostaten und Bekämpfung von Ungläubigen verfasst hatte, sollte nun junge Saudis davon überzeugen, dass der Islam eine Religion der Toleranz und des Friedens ist. Man scheint nicht begriffen zu haben, dass dieser Terror auch das Ergebnis jener Bildungspolitik ist, die der Mufti und andere Wahhabiten seit über 200 Jahren in die arabische Welt exportieren.

Eine Untersuchung des Bildes der »Anderen« in jemenitischen Schulbüchern, die im Auftrag der Regierung 2009 in Sanaa vorgelegt wurde, kommt zu dem Ergebnis, dass der »Andere« oft als Feind betrachtet, in jedem Fall aber

negativ gezeichnet werde. Mit den »Anderen« ist selbst-
verständlich der Westen gemeint. Die Studie schließt mit
der Ausrede, dass dieses Bild als Reaktion auf das negati-
ve Bild des Islam, das die »Anderen« hätten, verstanden
werden kann.

Ein Blick in jordanische Schulbücher ergibt ein ähnliches
Bild. Der »Andere« wird immer als das moralische Gegenteil von »uns« dargestellt. Er ist alles, was »wir« nicht
sind und niemals sein dürfen. Natürlich wird auch auf
einige positive Errungenschaften des Westens hingewie-
sen, doch Aufklärung und Demokratie werden dabei
geflissentlich übersehen. Die diktatorischen Regime der
arabischen Welt errichten eine Barriere zwischen den
Schülern und den demokratischen Systemen, die nicht als
Vorbilder gedeutet werden sollen.

Das Schulbuch spiegelt einerseits das Denken einer Gesellschaft wider und lässt andererseits die Idee erkennen,
nach der ein Machthaber seine Untertanen formen möchte. Es ist ein Wechselspiel, das nach Belieben von oben ge-
steuert werden kann. Selbst das informelle Wissen und das
kollektive Gedächtnis des Volkes kann dahingehend »ver-
feinert« werden, dass es in das Herrschaftssystem und die
von ihm gewünschte Identitätspolitik hineinpasst.

Schulbücher wie die oben erwähnten sagen viel über das
herrschende Selbstbild in der islamischen Welt. Sie zeigen
uns, wie eine Kultur sich selbst wahrnimmt und was sie
der nächsten Generation mit auf den Weg geben will. Sie
sind ein Spiegel der Ressentiments und der Ohnmacht,
die die Beziehung des Islam zum Westen seit Generationen prägt.

Hinzu kommt der Einfluss der Prediger in den Mosche-
en und der anderen religiösen Autoritäten, die selbst in

vermeintlich säkularen Diktaturen der arabischen Welt von den Machthabern instrumentalisiert werden, um ihre Position zu festigen. Gamal Abdel-Nasser etwa machte die religiöse Al-Azhar-Universität zu einer staatlichen Institution und bestimmte den Großen Imam von da an selbst. Bildung, Kultur und Medien wurden gleichgeschaltet, religiöse Erziehung wurde Teil der staatlichen Propaganda.

Die Google-Kultur oder: Disput ist möglich

Fünfhundert Jahre nach Gutenberg schenkte der Westen der Welt eine neue Erfindung, die die Welt genauso verändern sollte wie damals der Buchdruck: das Internet. Eine Herausforderung für all jene Länder, die ihre Bevölkerung vom Weltwissen abschotten wollen. Wie nicht anders zu erwarten, wehrten sich die islamischen Gelehrten zunächst gegen das Internet und warnten vor den Gefahren, die in ihm lauerten. Doch diesmal zogen sie den Kürzeren. Viele junge Muslime surfen jeden Tag stundenlang im Netz, diskutieren über Religion und Politik, hören westliche Musik und schauen sich Pornofilme an. Das verändert sowohl ihren Moralkodex als auch ihre Haltung zum Wissen. Wenn ein junger Muslim heute eine Information von einem Lehrer oder Gelehrten bekommt, muss er das nicht länger als absolute Wahrheit hinnehmen, sondern kann im Internet die Richtigkeit dieser Information überprüfen oder sich über Gegenpositionen informieren.

Es ist vor allem die Generation Facebook, die gegen Mubarak und Mursi in Ägypten, gegen Bin Ali in Tunesien, gegen Saleh im Jemen, gegen Gaddafi in Libyen und gegen Baschar Al-Assad in Syrien auf die Straße gegangen ist und noch immer geht. Die Generation, die mit dem Internet sozialisiert wurde, ist neugierig und kritisch und akzeptiert die »Wissensmauer« nicht mehr. Und auch nicht die Unantastbarkeit der religiösen Autoritäten.

Ich war 2012 bei einer Podiumsdiskussion in Kairo. Dort saß ein prominenter Wirtschaftsexperte der Muslimbrüder auf dem Podium und berichtete von den wirtschaftlichen Plänen der Muslimbruderschaft. Er sagte: »Wenn Gott uns hilft, wollen wir in den kommenden fünf Jahren die Zahl der ausländischen Touristen in Ägypten verdoppeln.« Ein junger Mann aus dem Publikum stand sofort auf und entgegnete: »Ich bin selber ein Muslim, der fünfmal am Tag betet, aber wir reden hier über Wirtschaft und Tourismus. Was hat all das mit Gottes Willen zu tun? Bitte sagen Sie uns, was Sie konkret vorhaben und wie Sie das realisieren wollen. Wie hoch ist Ihr Budget? Wo würden Sie neue Hotels bauen? Und bitte lassen Sie Gott lieber aus dem Spiel! Denn wenn Sie später mit Ihrem Plan scheitern, will ich von Ihnen nicht hören, dass Gott eben nicht anders gewollt habe.« Ich war völlig verblüfft über den Satz »Lassen Sie Gott aus dem Spiel« – zumal er von einem gläubigen Muslim kam.

Dank des Internets wird selbst die Idee des Säkularismus anders diskutiert in der arabischen Welt. Früher galt Säkularismus als Gotteslästerung, doch die bittere Erfahrung, die die Menschen seit der Wahl 2012 in Ägypten mit den Muslimbrüdern gemacht haben, hat auch dazu geführt, dass Diskussionen über die Trennung von Staat und Religion nicht mehr tabu sind.

Nach meinem Vortrag in Kairo über den religiösen Faschismus kam ein junger Ägypter zu mir und sagte: »Im Grunde haben Sie recht. Doch ich finde Ihre Sprache viel zu provokativ, sie schreckt viele ab. Wenn Sie zum Beispiel sagen: ›Wir müssen die Religion von der Politik trennen‹, entsteht der Eindruck, dass die Religion ein Störfaktor ist, ein Tumor in der Gesellschaft, der entfernt werden sollte. Wie wäre es, wenn Sie stattdessen sagen würden: ›Wir sollten die Religion von der Politik verschonen!‹? Dann würde die Politik als etwas Irdisches, Schmutziges dargestellt und die Religion als etwas Reines, das sich von Angelegenheiten des Alltags nicht kontaminieren lassen sollte.«

Ich fand den Ansatz dieses jungen Mannes kreativ. Es ist zwar nicht meine Art, irgendetwas diplomatisch zu beschönigen, und ich nenne das Kind lieber beim Namen, aber die Tatsache, dass er sein Anliegen überhaupt geäußert hat, ist ein Zeichen dafür, dass junge Muslime sich langsam Gedanken machen über die störende Rolle der Religion in der Politik. Es gibt jenseits der deprimierenden politischen Realitäten in der arabischen Welt eine lebhafte Diskussion über die Rolle der Religion in den postrevolutionären Gesellschaften. Doch an dieser Diskussion beteiligen sich nicht nur vernünftige junge Menschen, sondern auch Fanatiker, die um jeden Preis den Einfluss der Religion auf die Gesetzgebung und die Politik verteidigen wollen. Auch für sie bieten die modernen Medien, allen voran Facebook, eine Plattform, um ihre Gedanken und Propaganda zu verbreiten. Das Internet steht allen offen. Unter den arabischen Usern tobt derzeit ein heftiger Kampf der Kulturen – zwischen jenen, die den Schritt ins 21. Jahrhundert endlich vollziehen wollen, und jenen, die im 7. Jahrhundert verharren wollen.

Sie mögen sich nun die Frage stellen, was die Erfindung des Buchdrucks und sein verspäteter Einzug in die arabische Welt mit islamischem Faschismus zu tun hat. Sie mögen einwerfen, dass in Deutschland die Gedanken der Aufklärung bestens verbreitet und verankert waren und der Nationalsozialismus dennoch seine menschenverachtende Ideologie implementieren konnte. Und Sie mögen darauf verweisen, dass Hitler die großartige Erfindung Gutenbergs genutzt hat, um seine Hasstiraden in Buchform, mit Artikeln oder Flugblättern unter das Volk zu bringen. Alles richtig. Der deutsche Faschismus bediente sich geschickt sämtlicher Errungenschaften der Moderne, um seine Ziele voranzutreiben. Nicht nur in ideologischer Hinsicht, auch in technologischer war man immer auf der Höhe der Zeit. Was die Massenvernichtung der Juden anging ebenso wie beim Versuch, neuartige Waffen zu entwickeln.

Aber die Tatsache, dass es in Deutschland vor den Nazis eine andere Sicht auf die Welt und den Menschen gegeben hatte, erleichterte den Neuanfang nach dem Krieg. Sie förderte eine Genesung, war wie eine Art Reset-Knopf bei einem PC. Ich will damit keineswegs beschönigen, wie schwer die Aufarbeitung dieser Zeit war, die teils bis heute andauert. Ich weiß auch, dass Kinder, die nur die Indoktrination der NS-Demagogen durch Schulbücher kannten, Probleme hatten, sich davon zu lösen. Ich will damit nur sagen, dass es bereits ein anderes Modell gegeben hatte, dessen Werte man nun wieder aufgreifen konnte.

In der islamischen Welt dagegen hat die lange Ablehnung des Buchdrucks und die damit verbundenen Errungenschaften dazu geführt, dass die Asymmetrie in den Gesellschaften zementiert wurde. Herrschaftstreue und Personenkult, Unantastbarkeit des Koran und Gelehrte, die dessen absolute Wahrheiten vermitteln. Ein vertikales System, das die Welt außenherum in Freund und Feind unterteilt. Genau dieses Weltbild und diese hierarchische Struktur will der islamische Faschismus aufrechterhalten. Dagegen begehrt die Google-Generation auf. Sie akzeptiert nicht länger, dass alles Wissen im Koran enthalten ist, sie diskutiert mit Lehrern und sogar mit Imamen in der Moschee. Die Skepsis gegenüber der vertikalen Wissenskultur kommt mit mehreren Jahrhunderten Verspätung in die islamische Welt, aber sie kommt. Doch Skepsis ist eine Sache, der Prozess, in die Breite gehendes Wissen zu erlangen, ist eine andere. Proteste, Demonstrationen und das Stürzen von Diktatoren sind eine Sache, der Aufbau einer gesunden politischen demokratischen Kultur und einer fähigen Wirtschaft ist eine andere.

Zwischen Gutenberg und Zuckerberg liegen 500 Jahre an Wissen und Erfahrung, von denen sich die islamische Welt bewusst oder unbewusst abgeschottet hat. Diese verlorene Zeit fehlt den muslimischen Gesellschaften auf ihrem Weg in die Moderne und kann nicht durch ein paar Mausklicks im Netz wiedergutgemacht werden. Wenngleich ein Mausklick oft viel mehr bewirken kann, als man vermuten könnte!

Kapitel 6

Heil Osama! – Gescheiterte Staaten, erfolgreiche Terroristen

Eine Minderheit von Muslimen weltweit bejubelte offen die Anschläge des 11. September 2001 als einen großen Sieg des Islam gegen die arrogante Weltmacht USA. Eine bedeutende Minderheit verurteilte die Attentate und erklärte jede Form von Schadenfreude für geschmacklos. Doch der Großteil der Muslime wusste nicht recht, ob er sich von den grausamen Attentaten distanzieren oder darauf stolz sein sollte. Diese Unentschiedenen galt es entsprechend zu beeinflussen. Es dauerte nicht lange, bis Verschwörungstheorien die Runde machten. Muslime seien keineswegs kriminelle Terroristen, die Anschläge seien vom Mossad und der CIA gelenkt gewesen. Im ägyptischen Fernsehen verbreitete ein Religionsgelehrter, kein Jude sei am 11. September umgekommen. Keiner der 4000 Juden sei an jenem Tag an seinem Arbeitsplatz im World Trade Center erschienen. Eine glatte Lüge, die belegen sollte, dass Israel hinter dem Anschlag steckte. Eine Lüge, die leicht hätte als solche entlarvt werden können, die aber trotzdem verfing. Es ist vollkommen absurd, dass der Mossad 4000 Menschen anruft und sie auffordert, bitte schön nicht zur Arbeit zu gehen, weil am nächsten Tag etwas passieren würde. Ebenso absurd ist es, dass alle 4000 dem Folge leisten und keiner von ihnen später Gewissensbisse bekäme oder der Versuchung erliege, die Geschichte brühwarm der *New York Times* zu verraten. Und, noch etwas Absurdes: Die glei-

chen Verschwörungstheoretiker, die eben noch den
Mossad verantwortlich gemacht haben, sehen die Anschläge als gerechte Strafe Allahs, der Amerika wegen
seiner aggressiven Machtpolitik in die Schranken gewie-
sen habe. Man kann sich offenbar nicht entscheiden, ob
nun Gott oder die Juden hinter den Anschlägen stecken!

Im Jahr 2002 verfasste der amerikanische Politikwissenschaftler Francis Fukuyama einen Essay mit dem Titel
»Heil Osama!«, in dem er sich darüber wunderte, dass so
viele Muslime Osama Bin Laden zujubelten, ohne dass
dieser ein einziges Problem der islamischen Welt gelöst
habe. In der Tat hat der Sohn eines saudischen Bauunter-
nehmers keine neuen Gebäude in der islamischen Welt
errichtet, sondern zwei Gebäude in Amerika zum Ein-
sturz gebracht. Er hat weder Armut, wirtschaftliche
Stagnation, Arbeitslosigkeit oder Analphabetentum bekämpft, sich noch nicht einmal zu diesen Problemen geäußert. Warum ist er dennoch ein Held? Eben weil viele
Gesellschaften der arabischen Welt gescheitert sind und
die Probleme dort unlösbar erscheinen. Und wie immer
ist es einfacher, den Grund für dieses Scheitern nicht bei
sich selbst zu suchen, sondern einem ominösen Feind zu-
zuschieben.

Fukuyama warnt in seinem Essay davor, dass die Muslime, die Bin Laden gestern noch zujubelten, morgen den
gleichen Preis bezahlen werden wie damals die glühen-
den Hitler-Verehrer, die den »Führer« so lange kritiklos
anfeuerten, bis er das eigene Land und die halbe Welt in
Schutt und Asche gelegt hatte.

Wenn die Verbitterung groß ist und die Hilflosigkeit
noch größer, dann schlägt die Stunde von Demagogen

wie Hitler und Bin Laden. Sie müssen nur die Emotionen der Menschen weiter aufwühlen, ihre Ängste und ihren Hass befeuern und ihnen einen Schuldigen für die Misere präsentieren. Vorgefertigte Verschwörungstheorien, gepaart mit größenwahnsinnigen Ideen, wie »der Feind« zu besiegen sei, schon geraten die Massen außer Rand und Band. Es ist viel einfacher, sich auf einen angeblichen Feind von außen oder eine bestimmte Gruppe innerhalb einer Gesellschaft zu konzentrieren, als über die vielschichtigen selbstverschuldeten Probleme im eigenen Land nachzudenken. Es ist viel einfacher, sich über zwei eingestürzte Türme in der Ferne zu freuen, als sich darüber aufzuregen, dass im eigenen Land Millionen von Straßenkindern kein Dach über dem Kopf haben. Die Probleme in vielen arabischen Ländern sind so gravierend, dass man gar nicht mehr weiß, wo beginnen. Und der Feind ist im Unterricht in der Schule, in Predigten in den Moscheen und in den Medien so allgegenwärtig, dass man an ihm nicht vorbeikommt.

Osama Bin Laden und seine al-Qaida speisen ihren Mythos aus drei Quellen: der historisch dauergekränkten Seele der islamischen Welt, dem unbegründeten universellen Machtanspruch des Islam und den ewig sprudelnden Petro-Dollars, die Ausdruck von Wohlstand ohne Produktion sind. Mohamed Atta und die 18 übrigen Attentäter sind Kinder einer Generation, die im eigenen Land konservativ erzogen wurde, dort und im Westen den Verführungen der Moderne erlegen ist, die verbotenen Früchte gekostet und danach ein schlechtes Gewissen bekommen hat. Ihr Hass auf Amerika war so groß, dass sie bereit waren, sich selbst und Tausende Unschuldiger in die Luft zu jagen, um Amerika weh zu tun.

Eine Tat, die bezeichnend ist für die Selbstzerstörungs-
kraft des Islamismus. Wie viel Zeit, Geld, Planung und
Phantasie muss es bedurft haben, um diesen Anschlag
durchzuführen? Und was hat er der islamischen Welt genutzt? Oder anders herum: Wie sehr hat er ihr geschadet?
Diese neunzehn jungen Männer haben im Westen studiert; statt dies als Bereicherung zu verstehen, als Chance, ihr eigenes Wissen und somit ihre Lebenswirklichkeit
zu erweitern, haben sie sich radikalisiert. Sie haben nicht
verstanden, was Freiheit bedeutet, und Halt gesucht bei
der Religion als Schutzschild gegen jede Veränderung,
gegen die Moderne. Wie ein ehemaliger Raucher intole-
ranter gegenüber Rauchern ist als einer, der nie geraucht
hat, scheinen Konvertiten und Rekonvertiten intoleran-
ter zu sein gegenüber den Sünden, die sie früher begangen
haben. Sie wollen die Spuren dieser Sünden beseitigen,
indem sie die Orte, an denen sie diese Sünden begangen
haben, vernichten. Sie suchen nicht nach dem Fehler in
der eigenen Kultur oder gar bei sich selbst, sondern ver-
fluchen die Kultur, die sie vermeintlich verführt hat.
Die Attentäter des 11. September stehen stellvertretend
für eine ganze Generation, die an der Schizophrenie zwischen westlichem Lebensstil einerseits und hermetischer
Abschottung andererseits zerbrochen ist. Eine Generation, die inzwischen die Mehrheit der Lehrer, Imame,
Meinungsmacher und Professoren in der islamischen
Welt stellt. Die allerwenigsten von ihnen werden Terroristen. Sie arbeiten und lachen, schauen westliche Filme
an und feuern die Spieler von Barcelona oder Arsenal an,
tragen Jeans und hören Musik. Und dennoch tragen sie
einen mutierenden Virus in sich, der jederzeit ausbrechen
kann. Dieser Virus heißt Dschihad. Es gibt kein einziges

muslimisches Land, in dem der militante Islamismus sich nicht etabliert hätte. In jedem muslimischen Land gab es bereits Anschläge oder zumindest Terroristen, die anderswo Anschläge verübt haben. Das gilt auch für die muslimischen Minderheiten in Europa, Asien und Afrika. Ob aus den reichen Golfstaaten oder dem armen Nordafrika, aus Indonesien oder Nigeria, ob in Thailand, Somalia, Deutschland, Spanien oder England – der aggressive Virus des Dschihad ist aktiv.

Überall in der Welt trifft man auf die gleiche Geisteshaltung und das gleiche Gewaltpotenzial unter radikalen Muslimen. Deshalb kann man das Phänomen Islamismus nicht vom Islam trennen, denn der Dschihad-Virus schöpft seine Sprengkraft aus der Lehre und Geschichte des Islam. Das Konzept des Dschihad haben nicht moderne Islamisten erfunden, es stammt vom Propheten Mohamed. Der Universalitätsanspruch des Islam und die Hetze gegen Ungläubige sind nicht nur in den Schriften von Sayyid Qutb und Maududi zu finden, sondern auch im Koran. Den Islam kann man nicht verstehen, ohne seinen politischen Kern zu begreifen. Anders als die Christen, die drei Jahrhunderte lang als Minderheit leben mussten, war der Islam schon wenige Jahre nach seiner Gründung politisch erfolgreich und gründete bereits zu Lebzeiten des Propheten einen Staat. Mohamed führte Kriege zum Ausbau und zur Festigung seiner Macht und versprach den Muslimen die Weltherrschaft. Diese Kriege und das Streben nach der Islamisierung der Welt werden von vielen Muslimen heute als ein Auftrag Gottes verstanden, der auch 1400 Jahre nach dem Tod des Propheten erfüllt werden muss.

Es kommt immer wieder vor, dass der Dschihad-Virus von einigen Muslimen relativiert wird. Man redet vom »kleinen Dschihad« und meint damit den bewaffneten Kampf gegen die Feinde des Islam; oder vom »großen Dschihad«, dem »Sichabmühen auf dem Weg zu Gott«. Man sollte sich hiervon nicht täuschen lassen.

Nach dem 11. September 2001 schrieb Scheich Yussuf Al-Qaradawi einen 1400-Seiten-Wälzer mit dem Titel »Dschihad verstehen«. Darin erklärt er, wann der Dschihad eine Notwendigkeit ist, wer ihn ausrufen kann und unter welchen Umständen. Viele arabische Intellektuelle veröffentlichten nach den Anschlägen apologetische Texte, in denen sie den Islam als Religion des Friedens bezeichneten, die jede Form von Gewalt ablehne. Kaum einer wagte öffentlich zu sagen: Dieser Virus ist sehr alt. Genauso alt wie der Islam selbst. Der Dschihad, wie ihn der Prophet verstanden und praktiziert hat, ist das eigentliche Problem. Die koranische Aufteilung der Welt in Gläubige und Ungläubige ist das Problem. Die Unantastbarkeit des Propheten und des Koran ist das Problem. Die Bildung, die sich vom Propheten und vom Koran nicht lösen kann, ist das Problem. Der Dschihad als Selbstzweck ist das Problem. Denn der Kampf wird erst am Ende aller Tage aufhören.

Kapitel 7

Dschihad und die Pornotopia des Paradieses

In Sure 9 motiviert Gott die Muslime zum Kampf für seine Sache: »Allah hat von den Gläubigen ihr Leben und ihr Gut für das Paradies erkauft: Sie kämpfen für Allahs Sache, sie töten und werden getötet [...]. So freut euch eures Handels, den ihr mit ihm geschlossen habt; denn dies ist wahrlich die große Glückseligkeit.«

Aber wie sieht dieses Paradies eigentlich aus?

Es scheint direkt dem Traum eines Mannes aus der Wüste entsprungen zu sein: mildes Klima, weder zu große Hitze noch Kälte. Schattige Gärten, in denen gemütliche Liegen stehen, Flüsse aus klarem Wasser und aus Wein, der weder Kopfschmerzen verursacht noch berauscht. Jungfrauen in seidigen Gewändern, die kaum ihre großen Brüste bedecken, und Eunuchen, die den Gläubigen unablässig Früchte, Geflügel und Weinkrüge reichen.

Die *huris,* wie die Paradiesjungfrauen genannt werden, beschreibt der Koran als »wohlverwahrte Perlen«. Der Philologe Christoph Luxenberg sieht hier einen Übersetzungsfehler und weist darauf hin, dass das Wort *huri* aus dem Syroaramäischen stammt und »weiße Trauben« bedeutet. Über die Zahl der »Trauben« oder »Perlen«, die einem Märtyrer im Paradies zustehen, schweigt sich der Koran indes aus. Doch in den *hadithen,* also den außerkoranischen Aussagen des Propheten, gibt es mehrere Erwähnungen des Märtyrer-Lohns in Höhe von 72 Jungfrauen. Jede Paradiesjungfrau hat ihrerseits sieb-

zig schöne Dienerinnen, die ebenfalls dem Märtyrer zur
Verfügung stehen. So gesehen bekommt ein Gotteskrieger insgesamt 5040 Frauen als Belohnung dafür, dass er
im Kampf gegen die Ungläubigen gefallen ist.

Bei der Beschreibung der Jungfrauen und des sexuellen
Genusses, in den die Märtyrer kommen werden, ließen
islamische Kommentatoren ihren Phantasien freien Lauf.
Das, was in ihren Büchern über den paradiesischen Koi-
tus steht, könnte heute kein Autor in der arabischen Welt
mehr veröffentlichen, ohne dass das Werk umgehend von
der Zensurbehörde als pornographisch eingestuft würde.
So schreibt der mittelalterliche Theologe al-Suyuti: »Jedes Mal wenn wir mit einer *huri* schlafen, verwandelt
sie sich danach wieder in eine Jungfrau. Der Penis eines
Muslim wird nie erschlaffen. Die Erektion hält ewig,
und der Genuss bei der Vereinigung ist unendlich süß
und nicht von dieser Welt. [...] Jeder Auserwählte wird
siebzig *huris* haben neben seinen Frauen, die er auf der
Erde hatte. Alle werden eine köstlich verlockende Vagina
besitzen.«

Thomas Maul, Islamexperte und Autor, findet es erstaun-
lich, dass nicht die Vereinigung mit Allah, sondern der
endlose Sex im himmlischen Bordell den Kern der islamischen Erlösungsphantasie ausmacht. Hauptmotiv des
Paradieses sei die totale Entfesselung und Befriedigung
des männlichen Sexualtriebes. Alle im Diesseits geltenden
Tabus und Einschränkungen werden aufgehoben, jedoch
nicht für Frauen, die auch im Paradies Objekte der männlichen Sexualität bleiben. Die allzeit einsatzbereiten Liebesdienerinnen profitieren nur insofern, als sie im Paradies von der Last der Periode, der Empfängnis und des
Gebärens befreit sind. Wobei auch das eine zweischneidi-

ge Sache ist, können sie doch so dem sexhungrigen Mann uneingeschränkt zur Verfügung stehen in dieser von Gott perfekt vorbereiteten »Pornotopia«.

Die Legende von der Potenz des Propheten

Fast alle totalitären Ideologien haben klare Rollenvorstellungen. Der Mann arbeitet und kämpft für sein Land; die Frau ist ihm treu ergeben, kümmert sich um den Haushalt und die Kinder, denen sie die Liebe zum Vaterland als wichtige Botschaft einimpft. Sexualität dient im Wesentlichen der Fortpflanzung, dem Erhalt der Rasse etwa im Nationalsozialismus, worin ein wichtiger Dienst am Vaterland gesehen wird.

Die Beziehung des Islam zur Sexualität ist widersprüchlich. Denkt man an die islamische Welt im Mittelalter, so kommen einem Bilder über halbnackte Frauen im Harem, erotische Tänze von Liebesdienerinnen und Eunuchen in den Sinn. Denkt man an die islamische Welt heute, hat man verschleierte Frauen vor Augen, die zunehmend aus dem öffentlichen Raum verschwinden, oder sexuell frustrierte junge Menschen, die die moralischen Ansprüche ihrer Religion nicht erfüllen können.

Liest man die frühen islamischen Texte, kann man sich nicht entscheiden, ob es sich beim Islam um eine übersexualisierte, körperbetonte oder eine asketische, körperfeindliche Religion handelt. Fakt ist, es geht immer um Sexualität aus der Sicht des Mannes. Es gibt reichlich religiöse Ratschläge, die bis ins kleinste Detail gehen, wie ein Mann zu höchster Lust gelangen kann.

Die merkwürdige Beziehung des Islam zu Frauen und
Sexualität beginnt schon beim Propheten, dessen Mutter
starb, als er noch ein Kind war. Die erste Frau, die er um
595 heiratete, war 15 Jahre älter als er. Die Witwe Khadidscha machte Mohamed zum Teilhaber ihres Handelsge-
schäfts und war seine wichtigste Mentorin. Solange sie
lebte, heiratete er keine andere Frau. Als Khadidscha 619
im Alter von sechzig Jahren starb, ging Mohamed die
Ehe mit mehreren Frauen ein. Neben Sauda bint Zama
heiratet er die neunjährige Aischa, Tochter seines besten
Freundes Abu Bakr. Abu Bakr wurde nach Mohameds
Tod erster Kalif der Muslime. Dazu kam Hafsa, die Tochter seines Freundes Omar, der zweiter Kalif wurde. Eine
arabische Jüdin und eine Koptin aus Ägypten ehelichte
er wohl eher aus strategischen Gründen. Insgesamt heiratete Mohamed nach Khadidschas Tod elf Frauen. Die
meisten von ihnen ehelichte er, als er bereits über 55 war,
also in einem Alter, in dem seine Potenz ein wenig nach-
gelassen haben dürfte. Die Ehen blieben übrigens allesamt kinderlos.

Für das Bild eines potenten, sexsüchtigen Mohamed sind
frühe islamische Kommentatoren verantwortlich, die behaupteten, der Prophet habe »die Kraft von dreißig Männern« besessen. Eine Übertreibung, die bezeichnend ist
für die gesamte Biographie von Mohamed und für die
Aussagen, die ihm zugeschrieben werden. Und die
nicht von ungefähr kommt. Vor allem in der Zeit, in der
sich der Islam durch Eroberungskriege rasch ausbreitete,
wurde in der islamischen Literatur der potente Mann mit
dem fähigen Kämpfer gleichgesetzt. Der Überlieferung
zufolge ließ Mohamed nach dem Sieg gegen den jüdischen Stamm der Quraiza alle Männer des Stammes köp-

fen und nahm Frauen und Kinder als Gefangene. Einer seiner Soldaten bat den Propheten um die Erlaubnis, eine der Gefangenen als Sexsklavin zu nehmen. Er hatte sich eine schöne Frau namens Safiyya ausgesucht. Doch als ein Gefährte Mohameds dem Propheten mitteilte, dass es sich bei Safiyya um die Tochter des Stammesführers handelte, beschloss Mohamed, Safiyya gehöre ihm. Am gleichen Tag, als er ihren Vater, ihren Ehemann sowie ihre Brüder hatte köpfen lassen, vergewaltigte er Safiyya. Sex als Mittel des Dschihad. Denn nicht nur die Männer des Stammes sollten vernichtet werden, auch die Gebärmütter ihrer Frauen sollten erobert werden. Dabei geht es nicht nur um den »Genuss« des muslimischen Eroberers oder um eine weitere Erniedrigung der Feinde, sondern um die Fortpflanzung des Islam im wahrsten Sinne des Wortes. Die Vergewaltigung wird mythisch überhöht und legitimiert – auch der Feind trägt nun dazu bei, die Gefolgschaft zu vergrößern. Mohamed heiratete Safiyya später zwar, aber das Muster blieb hängen.

Frauen als Kriegsbeute zu nehmen, war keineswegs eine Erfindung Mohameds. In der modernen Welt gilt diese Praxis längst als ein Kriegsverbrechen. Nur militante Islamisten betrachten diesen sexuellen Dschihad nach wie vor als »gute islamische Tradition«, etwa wenn sie christliche Dörfer im Irak oder in Syrien überfallen. Eine ungläubige Frau zu vergewaltigen und dabei vielleicht sogar zu schwängern gilt als Kampf für die Sache Gottes.

Mohameds eigene Aussagen zu Frauen sind sehr ambivalent. Vieles mag zurückzuführen sein auf die Spannungen zwischen seiner jungen Frau Aischa und dem Rest seiner Ehefrauen, die mit ihm und Aischa im gleichen Haus wohnten. So soll er einmal zu seinen Gefährten gesagt haben: »Heiratet die Jungfrauen, denn ihre Gebärmütter sind fähiger, ihre Lippen sind süßer und sie sind einfacher zufriedenzustellen.« Aisha war wohlgemerkt die einzige unter seinen ganzen Frauen, die noch Jungfrau war, als er sie heiratete. An einer anderen Stelle sagt er laut Überlieferung: »Ich habe den Gläubigen keinen unheilvolleren Unruheherd hinterlassen als die Frauen.« Der gleiche Mohamed mahnt allerdings an anderer Stelle: »Ich ermahne euch, seid lieb zu euren Frauen.« Er führte das Erbrecht für Frauen ein, die bis dahin keinerlei Anspruch auf ein Erbe hatten und wie ein Möbelstück an die Familie des Mannes gefallen waren; er betonte, Frauen dürften eigenen Besitz haben und Geschäften nachgehen. Er sagte, Mann und Frau seien vor Gott gleich. Und doch gibt es eine Reihe anderer Aussagen, in denen Frauen geradezu dämonisiert werden: »Ich habe in die Hölle geblickt und festgestellt, dass die Mehrheit ihrer Bewohner Frauen sind.«

Die strenge Haltung und Skepsis Mohameds gegenüber Frauen und die übertriebenen Berichte über seine Potenz könnten an seiner Eifersucht und seiner Unsicherheit liegen. So wird von einem Zwischenfall berichtet, in dem Aisha der Untreue beschuldigt wurde. Der Prophet war bereits ein alter Mann, Aisha noch eine Teenagerin. Mohamed nahm sie mit auf einen seiner Feldzüge. Auf dem Weg zurück war sie plötzlich verschwunden. Am nächsten Morgen wurde sie im Kamelzelt eines anderen Mannes gefunden. Noch bevor der siegreiche Prophet Medina erreichte, war diese Geschichte in der Stadt Gesprächsthema Nummer eins. Mohamed war sehr gekränkt und weinte tagelang. Sein Cousin Ali empfahl ihm, seine untreue Frau zu verstoßen. Das hätte aber nicht nur den Ruf Aischas, sondern auch das männliche Ego des Propheten weiter angekratzt. Was also tun? Zum Glück kam der Himmel zu Hilfe: Der Koran berichtet, dass Mohamed offenbart wurde, Ungläubige hätten die Geschichte erfunden, um den Propheten zu beleidigen.

Die leidige Geschichte wiederholte sich allerdings. Mohameds Frauen beschuldigten eine der ihren, mit einem ägyptischen Sklaven Sex gehabt zu haben. Mohamed ordnete daraufhin den Tod des Sklaven an. Doch kurz vor der Vollstreckung der Strafe soll der Henker (ebenfalls sein Cousin Ali) festgestellt haben, dass der Sklave kastriert war.

Danach fing Mohamed an, seine Frauen genauer zu beobachten, und führte strengere Regeln für ihre Bekleidung und Kommunikation ein. Berichte über seinen starken Sexualtrieb sollten dann den Verdacht verstummen lassen, der Prophet könne seine Frauen sexuell nicht befriedigen.

Seine eigenen Frauen ließ er voll verschleiern und erlaubte ihnen nur dann, mit einem Mann zu reden, wenn sich eine Wand zwischen ihnen und ihrem Gegenüber befand. Eines Tages kam Mohamed nach Hause und stellte fest, dass sich zwei seiner Frauen mit einem blinden Mann unterhielten. Er wurde wütend und fragte, warum sie sich nicht hinter der Wand versteckten, wie er das angeordnet hatte. Eine der Frauen sagte: »Der Mann ist doch blind.« Mohamed erwiderte gereizt: »Aber ihr seid nicht blind.« Vor allem solche Überlieferungen werden bis heute von Traditionalisten bemüht. Da die Frauen des Propheten

als Vorbilder für alle muslimischen Frauen gelten, rechtfertigen konservative Muslime die Geschlechterapartheid
als »ein Leben nach der Lehre des Propheten«.

Geschlechterapartheid und Jungfräulichkeitsfetischismus

Die islamische Sexualmoral und die Skepsis gegenüber
Frauen sind im Kern aus dem Judentum übernommen
worden: Verbot des außerehelichen Geschlechtsverkehrs
und die Steinigung von Ehebrecherinnen zählen dazu.
Doch der Islam steigerte den Jungfräulichkeitskult und
prägte ein Frauenbild, das im 21. Jahrhundert noch immer gilt.

Die außereheliche Sexualität wird im Islam kriminali-
siert, um die Blutlinie der Familie zu bewahren, denn
wenn die Frau mehrere sexuelle Beziehungen gleichzeitig
hat, weiß sie danach nicht, wer der Vater ihres Kindes ist.
Der Vater ist aber nicht nur Oberhaupt und Versorger
der Familie, sondern vererbt die Religion auch an seine
Kinder. Anders ist es im Judentum, wo die Mutter die
Religion der Kinder bestimmt. Deshalb wird die Frau in
den islamischen Gesellschaften isoliert und überwacht.
Der Schleier ist nicht nur Zeichen des Misstrauens, das
die Frau der Außenwelt gegenüber an den Tag zu legen
hat, sondern auch Zeichen des Misstrauens des Mannes
gegenüber seiner Frau.

Die Geschlechterapartheid und der Jungfräulichkeits-
fetischismus haben allerdings jenseits der Bewahrung
der Stammesblutlinie noch andere Gründe, wie Thomas

Maul in seinem Buch »Sex, Djihad und Despotie« fest-
stellt.

Maul untersuchte das Strafgesetzbuch der islamischen
Republik Iran und stellte fest, dass die Jungfräulichkeit
einer Frau wertvoller ist als ihr Leben. Im Islam gibt es
die Regelung der *diyya,* des Blutgeldes. Bei Mord und bei
schwerer Körperverletzung zahlt ein Täter eine Entschä-
digung an den Verletzten oder die Familie des Toten. So
wie einer Frau im Erbfall nur die Hälfte des Anteils eines
Mannes zusteht, macht auch das Blutgeld einer verstorbenen Frau nur die Hälfte der *diyya* eines Mannes aus.
Interessant wird die Rechnung, wenn es um Körperverletzung geht. Im Artikel 297 des iranischen Strafgesetz-
buchs wird das Blutgeld eines getöteten Mannes mit dem
Wert von hundert Kamelen beziffert. Genauso viel sind
auch die Hoden eines Mannes wert – wobei für den
linken Hoden der Wert von 66,6 Kamelen veranschlagt
wird, während der rechte nur 33,3 Kamele wert ist. Der
Preisunterschied lässt sich damit erklären, dass die Scharia dem linken Hoden die Zeugung von Jungen, dem
rechten hingegen die Zeugung von Mädchen zuschreibt.
Summa summarum ist der linke Hoden des Mannes teu-
rer als das Leben einer Frau, für das es nur fünfzig Kamele gibt. Wird eine Frau gewaltsam entjungfert, so liegt
das Blutgeld für ihr Hymen laut Artikel 441 höher als das
Blutgeld für ihr Leben. Denn hier kommt zu den fünfzig
Kamelen noch das übliche Brautgeld, das sie im Falle
einer Eheschließung hätte bekommen können.

Im Iran wird eine Frau zum Tod durch Steinigung verurteilt, wenn sie mit einem Mann schläft, den sie liebt, mit
dem sie aber nicht verheiratet ist. Würde sie ihren Körper
jede Woche einem anderen Mann anbieten, hätte zuvor

aber einen religiösen Kurzzeitehevertrag geschlossen, würde sie als gottesfürchtige Schiitin gelten. Denn diese Praxis erfolgt durch einen religiösen Ehevertrag. Der Mann kann täglich durch einen derartigen Vertrag Sex mit unterschiedlichen Frauen haben, ohne die Grenzen des Islam zu verlassen.

Im Islam geht es nicht um die Liebe zwischen Mann und Frau. Die Ehe ist ein vertraglich geregeltes Modell, in dem Mann und Frau bestimmte Rechte und Pflichten haben, die der Staat bestimmt und überwacht. Sinn und Zweck einer Ehe ist einzig die Fortpflanzung des Islam. Alles, was jenseits der staatlichen Kontrolle geschieht oder sich ihr entzieht, gilt als Gefahr und wird hart bestraft. Säureattacken auf unverschleierte Frauen, Genitalverstümmelung bis hin zu Ehrenmorden und Steinigungen sind weitere Formen von Frauenfeindlichkeit in muslimisch geprägten Gesellschaften. Es sind Ausdrucksformen der Angst vor der weiblichen Emotion und Unabhängigkeit. Eine Angst, die zur Tugend deklariert wird. Genau wie die Ur-Angst des Faschismus, dass die Feinde der Nation sie von außen angreifen, während die Abtrünnigen das Land von innen verraten.

Stellt man sich den Realitäten in der islamischen Welt, so sieht man viel Elend und Doppelmoral im Umgang mit der Sexualität. Nirgendwo gibt es so viele Operationen zur Rekonstruktion des Hymen wie im islamischen Raum. Jeder kennt diese Tatsache, aber keiner will sie anerkennen. In den Ländern, wo die Tabuisierung der Sexualität am strengsten ist, wie in Afghanistan, im Iran und in Ägypten, erreicht die sexuelle Belästigung von Frauen auf offener Straße inzwischen unerträgliche Dimensionen. Islamisten werben junge Männer für den

Dschihad in Syrien damit an, dass dort der Sex-Dschihad erlaubt sei. Junge Musliminnen aus allen Ecken der islamischen Welt, vor allem aus Nordafrika, bieten sich in Syrien den Dschihadisten an. Sunnitische Gelehrte unterstützen den Sex-Dschihad und berufen sich auf den Propheten, der seinen Soldaten während eines langes Krieges erlaubt hat, »Genussehen« mit anderen Frauen zu schließen, um ihre sexuelle Lust zu entladen. Hier wird das Verbot der außerehelichen Sexualität im Islam außer Kraft gesetzt, denn es geht um ein noch höheres Prinzip: den Dschihad. Es geht darum, den Kämpfer zu motivieren und seine Paradiesphantasien zu beflügeln.

Kapitel 8

Die islamische Bombe – schiitischer Faschismus

Nach zwei Nächten in der Beiruter Innenstadt mit all ihren Cafés, Bars und Nachtclubs hätte ich glauben können, im Libanon hätten sich der europäische Freiheitsgedanke und der westliche Lebensstil durchgesetzt. Doch der Schein trog. Am dritten Tag mache ich mich auf den Weg nach Dhahiya, einem Viertel in Südbeirut. Nach zehn Minuten Taxifahrt verändert sich das Stadtbild drastisch. Kaum eine Frau läuft ohne Kopftuch herum. Auf Mauern sind Bilder von gefallenen Märtyrern im Krieg gegen Israel zu sehen, darunter steht geschrieben: »Wir werden nie vergessen! Südbeirut ist fest in Hisbollah-Hand.«

Es geht vorbei am UNO-Flüchtlingslager, wo Palästinenser leben, die im Libanon geboren sind und dennoch immer noch Flüchtlingsstatus haben und von den meisten Jobs im Libanon ausgeschlossen sind. Sie sollen Flüchtlinge bleiben, damit sie irgendwann nach Palästina zurückkehren. Interessant ist, dass Palästinenser in Kanada, in den USA und Europa anders leben, denn längst haben viele von ihnen die Staatsbürgerschaften ihrer Gastländer angenommen und üben oft angesehene Berufe wie Arzt, Anwalt oder Händler aus. Sogar Palästinenser, die in Israel leben, haben die israelische Staatsbürgerschaft angenommen, manche sitzen sogar in der Knesset. Sie haben die politische Realität begriffen und versuchen sich – im Rahmen des Möglichen – zu verwirklichen. Das

bedeutet nicht, dass sie ihre arabisch-palästinensische
Identität aufgegeben haben. Sie haben sich vielmehr entschieden, ihren problematischen Status »nicht zu konservieren«. Aber genau das tun die arabischen Staaten in
ihrem Umgang mit den Palästinensern. Sie konservieren
die Tragödie der palästinensischen Flüchtlinge, sie helfen
ihnen nicht, Bürger von Saudi-Arabien, Kuwait oder
dem Libanon zu werden, weil dies angeblich der palästinensischen Sache schade und eine Rückkehr der Entwur-
zelten nach Palästina erschwere.

»Der bewaffnete Widerstand ist der Stolz der Nation«,
lese ich auf einem großen Schild zwischen Bildern von
Ayatollah Ali Khamenei und Scheich Hassan Nasrallah.
Der eine ist der Kopf des Mullah-Regimes im Iran, der
andere Generalsekretär der Hisbollah.

Kaum eine Bewegung hat die Grundzüge des Faschismus
so eins zu eins kopiert und in die Tat umgesetzt wie die
Hisbollah: Der Antisemitismus ist Leitmotiv, es gibt
die bewaffnete Schwarzhemd-Miliz, die nicht nur eine
Parallelarmee, sondern einen Staat im Staate bildet, es
gilt der unbedingte Gehorsam und die Gefolgschaft zum
»Führer«, Kampfbereitschaft und Tod werden verherr-
licht, und selbst der Hitlergruß ist Bestandteil von militärischen Paraden.

Hisbollah und Hamas

Inspiriert von der islamischen Revolution 1979 im Iran,
importierten schiitische Geistliche wie Mohamed Hussein Fadlallah das Prinzip des *velayat-e faqih,* also die

Herrschaft der Geistlichkeit, in den Libanon. Nach dem
Modell der Revolutionären Garden im Iran wurden im
Südlibanon schiitische Milizen gebildet, die nach dem
israelischen Einmarsch ihre militärischen Einflussgebiete
ausbauten. Dies erfolgte nach einer Fatwa des Ayatollah
Khomeini, die der Hisbollah erlaubte, in den libanesischen Bürgerkrieg einzugreifen. Und so, wie Khomeini
Selbstmordkommandos für den Krieg gegen den Irak
ausbilden ließ, führte die Hisbollah die ersten »erfolg-
reichen« muslimischen Selbstmordanschläge gegen westliche Einrichtungen durch. Am 23. Oktober 1983 wurden zwei mit Sprengstoff beladene Lkws von Hisbollah-
Selbstmordattentätern in den amerikanischen Stützpunkt
in Beirut gelenkt, der nach dem Ausbruch des Bürger-
kriegs 1982 errichtet worden war. Die Lkws explodier-
ten, zerstörten das Gebäude vollständig, 305 Menschen
kamen ums Leben, darunter 241 US-Marines, 58 französische Fallschirmjäger und sechs Zivilisten.
Der Anschlag inspirierte Islamisten weltweit, nicht nur
wegen seiner gewaltigen Zerstörungskraft, sondern weil
sich die USA danach aus dem Libanon zurückzogen. Das
war letztlich auch ein Erfolg des Mullah-Regimes im
Iran, das Amerika als »großen Satan« bezeichnete. Nach
diesem Anschlag wurde Hisbollah in der arabischen Welt
als der »Bezwinger von Amerika« berühmt.
Wenige Jahre später trat in den besetzten palästinensischen Gebieten die Hamas in Erscheinung. Sie übernahm
nicht nur die faschistoide Ideologie und die Strukturen
von Hisbollah, sondern auch ihre Taktik: Selbstmordanschläge als Mittel der Politik. Dieses Konzept machte
überall in der islamischen Welt Schule. Busse in Tel Aviv,
die U-Bahn in London, Touristen in Luxor und Scharm

El-Scheich, eine Bar auf Bali, westliche Botschaften in
Kenia und Tansania, ein jüdischer Tempel im tunesischen
Djerba, das World Trade Center in New York und das
Pentagon in Washington: Alle wurden zu Zielen von
Selbstmordanschlägen, die das Hasspotenzial und die
Zerstörungskraft des Islamismus belegen. Dazu kommen
Tausende von Anschlägen im Irak, in Afghanistan, Paki-
stan, Marokko und Ägypten, denen Muslime selbst zum
Opfer fielen.

Der Einfluss des Iran auf die Hisbollah ist enorm. Die
Bewegung ist in ihrer Finanzierung und Aufrüstung
hauptsächlich auf den Iran angewiesen. Ayatollah Ali
Khamenei gilt als geistliches Oberhaupt von Hisbollah,
Hassan Nasrallah fungiert als Generalsekretär des politi-
schen Arms. Der Name der Partei bedeutet auf Arabisch
»Partei Gottes«. Seit 1992 ist die Partei mit mehreren Ab-
geordneten im libanesischen Parlament vertreten.
Die Hisbollah genießt nicht nur bei den schiitischen
Gruppen im Libanon hohes Ansehen, auch außerhalb des
Landes sind die Sympathien groß, nicht zuletzt dank des
Satelliten-TV-Senders Al-Manar, der seine Propaganda
mittlerweile weltweit ausstrahlt. Das Ansehen von Hisbollah in der arabischen Welt nahm noch einmal deutlich
zu, als es 2000 und 2006 zu einer militärischen Auseinandersetzung des Libanon mit Israel kam. Den Rückzug der
israelischen Truppen aus dem Süden Libanons verkaufte
die Hisbollah als großen Sieg und gerierte sich zum
Hauptgaranten für die Verteidigung des Libanon.
Einige dieser Sympathien verspielte die Hisbollah allerdings 2008 wieder, als die Schwarzhemd-Milizen der
Bewegung zum ersten Mal in Down Town Beirut auf-

marschierten und damit drohten, die ganze Stadt zu besetzen. Anlass für diesen radikalen Schritt war eine Maßnahme gewesen, die der Hisbollah den Besitz eines eigenen Telekommunikationsnetzwerks untersagte. Die konfliktmüden Libanesen bestraften die Hisbollah bei den nächsten Wahlen mit deutlichen Stimmverlusten.

Ich war verabredet mit einem Hisbollah-Funktionär, doch am gleichen Tag sagte mir ein anderer Interviewpartner kurzfristig zu, der mir wichtiger erschien. Außerdem glaubte ich ziemlich genau zu wissen, was mir ein Hisbollah-Mann über den Islam, den Dschihad und den ehrenhaften Widerstand sagen würde. Ich verfolge schließlich seit Jahren aufmerksam die Sendungen von Al-Manar, jenem TV-Kanal, über den solche Funktionäre mehrmals täglich ihre immer gleichen Botschaften verbreiten. Die Begegnung mit dem schiitischen Theologen Hani Fahs schien mir dagegen sehr bereichernd. Denn seine Thesen sind verblüffend und überraschend. Fahs ist eine der wichtigsten und umstrittensten schiitischen Stimmen im Libanon. Als junger Mullah war er mit Jassir Arafat befreundet, als der noch mit seiner PLO in Beirut angesiedelt war. Heute sagt Fahs über Arafat: »Er war ein großer Narzisst, der immer einen Fehler mit einem noch größeren Fehler korrigieren wollte.« Den ersten Brief, den Arafat an Ayatollah Khomeini schickte, hat Hani Fahs verfasst; er feilte an Arafats Formulierungen und übergab Khomeini den Brief persönlich in der Stadt Nadschaf, in Khomeinis irakischem Exil. Hani Fahs hat Khomeini 1978 auch in Paris besucht und war ihm nach der islamischen Revolution nach Teheran gefolgt. Doch aus ihm ist kein islamischer Che Guevara geworden. Er wollte keine Karriere im Mullah-Staat machen und verließ den Iran nach einigen Jahren enttäuscht. Er sah, wie die Revolution nicht nur die eigenen Kinder, sondern das ganze Land zu fressen begann.

Fahs sitzt entspannt in seinem großen Wohnzimmer in einer Wohnung in Südbeirut, hinter ihm an der Wand hängen mehrere Bilder, die ihn mit Khomeini, Arafat und weiteren Politikern des Nahen Ostens zeigen. Ein Bild von Mahmud Ahmadinedschad ist auch darunter: der Ex-Präsident umarmt die trauernde Mutter des verstorbenen venezuelanischen Präsidenten Hugo Chavez. Fahs bemerkt, dass ich an diesem Bild hängenbleibe. »Ahmadinedschad ist der beste Beweis für das grandiose Scheitern der islamischen Revolution. Und dieses Bild ist der beste Beweis dafür, dass etwas nicht in Ordnung ist im Mullah-Regime. Denn das Land bestraft Frauen, wenn ihre Kopfbedeckung verrutscht, während das Staatsoberhaupt eine Frau ohne Kopftuch umarmt«, sagt er lächelnd. »Dieses Bild ist eigentlich schön, aber dieser Idiot macht es kaputt«, sagt er, auf Ahmadinedschad deutend.

Fahs' Haltung zu Hisbollah ist ebenfalls eindeutig: »Hisbollah hat den Faschismus sogar übertroffen. Die Ideologie, die Struktur – alles faschistisch. Aber was die Partei gerade in Syrien betreibt, ist Faschismus, der noch in der Pubertät steckt. Hisbollah lässt sich zum bezahlten Profikiller des Assad-Regimes machen. Jede Partei, die sich auf Basis der Religion aufbaut, wird despotisch. Hisbollah begeht aber eine weitere Sünde. Sie macht sich von zwei weiteren Diktaturen abhängig: Iran und Syrien. Und so schadet sie sich nicht nur selbst, sondern auch dem Libanon sehr«, sagt er, als säßen wir in einem Café in Berlin, nicht mitten in der Hochburg der Hisbollah.

Ich frage ihn, ob die islamische Revolution im Iran auch

eine faschistische war. Auch da wird er mehr als deutlich:
»Jede Revolution trägt am Anfang faschistoide Züge, das
ist vielleicht unvermeidbar. Doch eine Revolution, die
sich auf Gott beruft und behauptet, den Willen Gottes zu
vollenden, geht noch einen Schritt weiter. Denn aus Mör-
dern werden plötzlich Männer Gottes, aus Oppositionellen werden Feinde Gottes. Hinrichtungen werden zu
alltäglichen religiösen Ritualen. Dagegen hast du keine
Chance!«

Der Iran habe die eigene Gesellschaft in Geiselhaft genommen. Das sei gelungen, weil man zunächst den Krieg gegen
den Irak und dann den ideologischen Krieg gegen den
Westen instrumentalisiert habe, um den Zusammenhalt
der Gesellschaft zu festigen. »Auch das ist Faschismus«, so
Fahs. Der Rechtsgelehrte glaubt, dass das strikte Festhalten an religiöser Gesetzlichkeit und der Idee der Herrschaft Gottes auf Erden die Gesellschaften der islamischen
Welt lähmt und sie seelenlos macht. Egal, ob diese Gesellschaften von Schiiten oder Sunniten geführt würden.

Faschismus als Staatsdoktrin

Der Iran ist das erste muslimische Land, das den modernen islamischen Faschismus als Staatsdoktrin durchgesetzt hat. Seit über 35 Jahren dienen die faschistoiden
Züge des Islamismus als Eckpfeiler der islamischen Republik: Hinrichtung von Regimegegnern, totale Überwachung der Bürger, Unterdrückung von Frauen und
Minderheiten und aggressiver Antisemitismus.

Die islamische Revolution des Jahres 1979 war ein poli-

tisches Erdbeben, das damals den Nahen Osten und die
ganze Welt erschütterte. Sie war nicht nur Auslöser des
ersten Golfkriegs zwischen Iran und Irak, sondern ent-
fachte auch einen Bürgerkrieg in Afghanistan, der bis
heute fatale Konsequenzen für die Weltpolitik hat. Ebenfalls befeuerte sie den Bürgerkrieg im Libanon, da radikale Kräfte versuchten, die Revolution dorthin zu exportieren.

Diese islamische Revolution löste eine Welle der Begeis-
terung unter Islamisten weltweit aus. Selbst unter Sunniten, die normalerweise gewaltige ideologische Differen-
zen mit den Schiiten haben. Die Idee eines Gottesstaates,
der nach den Gesetzen der Scharia geführt wird, wurde
zum ersten Mal in der modernen Zeit in die Realität umgesetzt.

Die Protestbewegung gegen Schah Mohamed Reza Pahlavi hatte mehrere Ursachen, die hier nicht alle ausführlich behandelt werden können. Soziale Gründe etwa
spielten eine entscheidende Rolle. Aber die klassischen
Auslöser für eine Revolution – etwa eine schwere Niederlage in einem Krieg oder die totale Verarmung der Bevölkerung – griffen im Iran nicht. Es war kein Aufstand
der Bauern, sondern ein Aufstand der Studenten. Der
Unmut der Linken wie übrigens auch der Islamisten über
die Alleinherrschaft des Schahs und die Willkür seines
brutalen Geheimdienstes Savak wuchs. Amnesty International sprach 1977 von mehreren tausend politischen
Gefangenen im Land. Linke wie Islamisten waren zudem
über den starken Einfluss der Amerikaner auf den Schah
verärgert. Doch letztlich war es erst der Druck des neuen
US-Präsidenten Jimmy Carter auf seinen Verbündeten,
der den Schah veranlasste, mehrere hundert Gefangene

freizulassen und Massenkundgebungen zuzulassen. So gesehen haben die Amerikaner die Revolution überhaupt erst ermöglicht.

Die ersten Proteste wurden dann von säkularen linken Kräften und Studenten organisiert. Die Linke befand sich seit den fünfziger Jahren in einem Konflikt mit der Schah-Familie. Der Vater Reza Pahlavis war bereits 1953 durch einen Volksaufstand aus dem Land gejagt worden und hatte sich ins Exil begeben. Erst durch einen Militärputsch, der von der CIA mit initiiert worden war, war er wieder an die Macht gekommen. Der beliebte linke Premierminister Mohamed Mossadegh war entmachtet worden, die Verstaatlichung der Ölindustrie wurde rückgängig gemacht, britische und amerikanische Föderfirmen wurden wieder ins Land gelassen.

Als Mohamed Reza Pahlavi das Ruder übernahm, erlebte der Iran einen Modernisierungsschub. Das Geld aus den Öleinnahmen sprudelte, umfangreiche wirtschaftliche und soziale Reformen wurden eingeleitet – die sogenannte Weiße Revolution. Von Anfang an gab es allerdings Spannungen mit der konservativen schiitischen Geistlichkeit, vor allem mit einem gewissen Mullah Ruhollah Musawi.

Parallel dazu bildete sich neben der islamistischen Opposition der Fedajin-e Islam eine linke Guerillabewegung, die das Land mit einem bewaffneten Kampf verändern wollte. Der Schah reagierte mit Gewalt, es kam zu Ausschreitungen, Morden und Brandanschlägen, das Land stand an der Schwelle zum Chaos. Als sich dann auch noch der Westen abwandte, musste der Schah das Land verlassen. Die islamische Revolution hatte begonnen.

»Führer« auf Persisch oder:
Das Wunder Gottes

Ayatollah bedeutet »Wunder« oder auch »Zeichen Gottes«. Im Jahr 1943 war der Mann, um den es im Folgenden gehen wird, allerdings noch kein Ayatollah, er hieß
schlicht Mullah Ruhollah Musawi. Doch schon in jenem
Jahr veröffentlichte er eine Art politisches Manifest, in
dem er seine Vorstellungen von einem Gottesstaat niederschrieb. Die Schrift hieß *kashf al-asrar,* was auf Arabisch »Die Enthüllung der Geheimnisse« bedeutet.
Darin schreibt Musawi: »Die islamische Regierung ist die
Regierung des göttlichen Rechts, und ihre Gesetze können weder geändert noch angefochten werden.« Drei Jahre später gründete er eine Gruppe namens Fedajin-e Islam, was so viel bedeutet wie »Die, die sich für den Islam
opfern«. Die Gruppe aus Theologiestudenten sollte die
iranische Gesellschaft darauf vorbereiten, eines Tages die
Gesetze der Scharia anzunehmen. Und sie sollten die
Ideologie des Dschihad und des Märtyrertums verbreiten.
1963 hieß der Mullah dann schon Ayatollah Khomeini
und leistete als bedeutender Geistlicher in der Stadt
Ghom massiven Widerstand gegen die Weiße Revolution, mit der das Land reformiert werden und auch die
Frauenrechte verankert werden sollten. Khomeini sah in
diesen Reformen einen klaren Verstoß gegen die Gesetze
des Islam. Er ärgerte sich besonders über ein neues Gesetz, das die Verheiratung minderjähriger Mädchen verbot – das sei ein klarer Eingriff in das islamische Fami-
lienrecht.
Die Reformpläne waren sehr fortschrittlich und sozial
und umfassten unter anderem die folgenden Punkte:

- Abschaffung des Feudalsystems und Verteilung des Ackerlandes von Großgrundbesitzern an Bauern
- Verstaatlichung aller Wälder und Weideflächen
- Privatisierung staatlicher Industrieunternehmen zur Finanzierung der Entschädigungszahlungen an die Großgrundbesitzer
- Gewinnbeteiligung für Arbeiter und Angestellte von Unternehmen
- Allgemeines aktives und passives Wahlrecht für Frauen
- Bekämpfung des Analphabetentums durch den Aufbau eines Hilfslehrerkorps.

1963 wurden die Reformen durch ein Referendum vom Volk angenommen.

Zwei Jahre später löste Asadollah Alam Ali Amini als Premierminister ab. Alam entstammte einer Bahai-Familie. Theologisch betrachtet, gelten die Bahai im orthodoxen Islam als Abtrünnige. Sie betrachten Mohamed entgegen der Auffassung des islamischen Klerus nicht als den letzten Propheten. Im Iran sind sie auch heute noch – anders als Christen und Juden – nicht als geschützte religiöse Minderheit anerkannt. Khomeini sah in der Ernennung Alams zum Regierungschef eine Gefahr für die muslimische Identität des Landes. Denn er vertrat die Ansicht, dass ein Muslim unter keinen Umständen unter der Herrschaft eines Nichtmuslims leben dürfe. Abtrünnige wie die Bahai hatten den gleichen Stellenwert wie andere Ungläubige. Khomeini sah in der Regentschaft des Geistlichen, *velayat-e faqih*, die Rettung der islamischen Welt. In einer Brandrede in Ghom rief er die Iraner zum Aufstand gegen den Schah und seine Regierung auf:

»Erhebt euch zu Revolution, Dschihad und Reform, denn wir wollen nicht unter der Herrschaft der Verbrecher leben. Wir haben es verdient, dem Vorbild unseres Propheten und unserer Imame zu folgen, auf dass sie unsere Fürsprecher am Tage des Gerichts sein mögen.«[6]

Nach dieser Rede wurde er zunächst festgenommen, später erst ins türkische, dann ins irakische Exil geschickt, wo er 1970 sein zweites und wichtigstes Manifest niederschrieb: das Buch *Hokumat-e islam* (»Der islamische Staat«), in dem er das Konzept von *velayat-e faqih* und die Regeln und Eckpfeiler des Gottesstaates festlegte.

Viele linke Oppositionelle waren von Khomeinis revolutionärem Geist begeistert, obwohl seine antidemokratischen und antimenschlichen Konzepte eindeutig waren. Das lag daran, dass Khomeini extrem antiwestlich eingestellt war und die Re-Verstaatlichung der iranischen Erdölförderung forderte. Nicht einmal seine Ansichten über das islamische Recht schienen die Linken damals zu ängstigen. In seinem Buch »Der islamische Staat« sagt er über die Scharia: »Die Behauptung, dass man die Gesetze des Islam außer Kraft setzen kann oder dass sie an Zeit und Raum gebunden sind, widerspricht dem islamischen Geist. Daher ist die Anwendung der Gesetze nach dem erhabenen Propheten eine ewige Pflicht. Waren die Gesetze, deren Verbreitung und Durchsetzung den Propheten 23 Jahre harte Arbeit kostete, nur für eine begrenzte Zeit gedacht? Hat Gott die Zeit der Anwendung seiner Gesetze auf zweihundert Jahre beschränkt?«[7]

Khomeini lehnte das Prinzip der Volkssouveränität klar ab und betonte, dass die Souveränität nur von Gott ausgehen könne und dass die Gesetze dazu dienten, Gottes Willen auf Erden zu vollstrecken.

Vier Jahre zuvor, 1966, hatte der junge Mullah Ali Khamenei (er führte nach dem Tod Khomeinis im Jahr 1989
das Mullah-Regime an), ein Buch aus dem Arabischen
übersetzt. Es trug den Titel »Die Zukunft dieser Religion«, der Verfasser war Sayyid Qutb, der Vordenker der
Muslimbruderschaft in Ägypten. In diesem Buch finden
sich einige der Gedanken, die Khomeini später aufgriff,
wie *Hakimiyyatullah,* die Herrschaft Gottes auf Erden.
Qutb hatte ebenfalls eine islamische Revolution gefordert, die die islamischen Gesellschaften in die glorreiche
Zeit des Propheten zurückführen und sie von allem, was
unislamisch ist, säubern sollte.

Trotz der gravierenden theologischen Unterschiede zwischen den schiitischen Mullahs und der sunnitischen Muslimbruderschaft verbreitete sich Qutbs Buch im Iran mit
rasender Geschwindigkeit. Khomeini las die Schriften
Qutbs (im Original, er sprach fließend Arabisch) und war
begeistert von dessen revolutionären Gedanken.

Es ist doch bemerkenswert, dass die Unterschiede zwischen Schia und Sunna so minimal sind, wenn es um
Staatsform und Gesetzlichkeit des Koran geht. Zwar hat
die Schia einen Klerus und die Sunna nicht, doch die
faschistoide Vorstellung eines totalitären islamischen
Staates teilen beide ohne Widerspruch: Gott ist der Ge-
setzgeber, seine Gesetze haben ewige Gültigkeit, sie sind
unveränderbar und unverhandelbar. Wer dagegen ist, ist
ungläubig und muss beseitigt werden.

Im Jahr 1978 nahmen die Proteste gegen den Schah zu.
Nach einer Fatwa des Ayatollah Khomeini gegen westliche Filme wurden 25 Kinos in ganz Iran in die Luft
gejagt. Allein in der Stadt Abadan starben bei einem An-

schlag über 400 Kinobesucher. Khomeini suchte aus dem
Pariser Exil den Schulterschluss mit den Linken und den
Bürgerlichen. Die Proteste wurden intensiviert, bis der
Schah im Januar 1979 das Land verließ. Der säkulare Meh-
di Bazargan wurde Übergangs-Premierminister, um die
Neutralität der Armee und des Westens zu garantieren.
Am 1. Februar kehrte Khomeini in den Iran zurück und
sprach von »Freiheit für alle Iraner«. Im April lud er zu
einem Referendum ein, das den Iran in eine islamische
Republik umwandeln soll. Die Mehrheit der Iraner, darunter Linke und Bürgerliche, stimmte mit »ja«, als hätte
niemand Khomeinis Buch »Der islamische Staat« gelesen. Nach dem Referendum bestimmte allein er, wie diese islamische Republik Iran aussehen sollte. Linke und
Liberale, die bei der Revolution gegen den Schah eine
weitaus aktivere Rolle als die Islamisten gespielt hatten
und damit letztlich Khomeinis Rückkehr überhaupt erst
ermöglicht hatten, wurden hingerichtet oder ins Exil geschickt, sofern sie die Richtlinien des islamischen Regimes nicht akzeptierten. Allein in den ersten zwei Jahren nach der Revolution wurden 12 000 Menschen hingerichtet. Millionen Iraner gingen ins Exil, darunter ein
Großteil der Bildungselite des Landes. 35 Jahre nach der
Revolution hat die Zahl der Ermordeten die Hunderttau-
sendergrenze deutlich überschritten.
Nach dem Vorbild der SA beziehungsweise der SS wurden Milizen gebildet, die neben Armee und Geheim-
dienst die Bevölkerung einschüchtern sollten. Die Se-
pah-e Pasdaran, die Organisation der Revolutionswäch-
ter, wurde bereits im Mai 1979 gegründet. Kurz danach
folgte die Bassidsch-Miliz, die wie einst Hitlers Schlägerbanden auf der Straße jeden züchtigten, der es wagte, das

Regime zu kritisieren. Sepah und Bassidsch können, was ihre Struktur und ihre Funktion angeht, mit der Waffen-SS verglichen werden. Denn beide Trupps entwickelten sich während des Krieges mit dem Irak zu Parallelarmeen, wie der Politologe Behrouz Khosrozadeh in einem am 27. November 2009 veröffentlichten Artikel auf heise.de feststellte. Heute hat die Sepah laut Khosrozadeh 130 000 Mitglieder und verfügt über ein größeres Budget als die reguläre iranische Armee Artesh. Wie einst bei der SS werden Sepah-Mitglieder nach ihrer Weltanschauung und Loyalität zum Führer ausgesucht und müssen sich strengeren körperlichen und psychischen Übungen unterziehen als die normalen Soldaten. Die Sepah-Mannschaften haben eigene Gefängnisse, wo an der Justiz vorbei Gefangene festgehalten und gefoltert werden. Die Brutalität der Sepah- und Bassidsch-Milizen gegen die Zivilbevölkerung wurde während der Grünen Revolution 2009 deutlich, als mehrere tausend Menschen verhaftet, gefoltert und vergewaltigt wurden, nur weil sie friedlich gegen Ahmadinedschad demonstriert hatten.

Eine weitere Parallele zum Nationalsozialismus ist der aggressive Antisemitismus im Iran, der auf den ersten Blick unerklärlich erscheint. Denn der Iran hat weder gemeinsame Grenzen, noch einen territorialen Konflikt mit Israel. Schon seit über 2500 Jahren leben Juden in Persien. Im Unterschied zu anderen Teilen der arabischen Welt hat der Iran keine koloniale Demütigung erlebt und auch keine Kriege gegen den Westen oder Israel verloren. Der Antisemitismus im Iran speist sich aus drei anderen Quellen: Der Iran war seit den zwanziger Jahren des vergangenen Jahrhunderts politisch und wirtschaftlich eng mit Deutschland verbunden. 80 Prozent der Maschinen, die die Industrialisierung im Iran vorangetrieben haben, kamen aus Deutschland. Aber nicht nur die Maschinen wurden aus Deutschland importiert, sondern auch die NS-Ideologie, die via Radio während des Zweiten Weltkriegs auf Persisch im Iran verbreitet wurde. Die Nazis hatten in Zeesen bei Berlin einen eigenen Sender eingerichtet, von dem aus ihre Propaganda auf Persisch, Arabisch, Türkisch und Hindi in die islamische Welt gesandt wurde. Der Politikwissenschaftler Matthias Küntzel legt in einem Artikel[8] in der Zeitschrift *Tribüne* dar, dass in Teheran die Männer regelmäßig in Teehäusern zusammengekommen seien, um dem beliebten deutschen Sender zu lauschen. Für Deutschland wiederum war der Iran wegen seines Rohstoffreichtums wichtig. Und auch die Tatsache, dass die Perser anders als die Araber keine Semiten sind, machte eine Annäherung reizvoll. Die Perser sehen sich als »indogermanische Arier« und erfüllten insofern die »Rassenvorgaben« weitgehend. Im Zweiten Weltkrieg drückte die Mehrheit der Iraner einschließlich der Mullahs Deutschland die Daumen.

Die zweite Quelle für die antijüdische Stimmung im Iran waren die Schriften von Sayyid Qutb, der den Kampf der Muslime gegen die Juden als göttliche Bestimmung sah, die mit dem Propheten Mohamed begonnen hat und erst mit dem Ende der Welt aufhören wird.

Die dritte und wichtigste Quelle war aber die Hauptschrift des Islam, der Koran, in dem die Juden in einigen Passagen als Verräter und Nachfahren von Affen beschrieben werden.

Schon im ersten Jahr der islamischen Revolution rief Ayatollah Khomeini den al-Quds-Tag aus, um seine Solidarität mit den Palästinensern kundzutun. Am zweiten al-Quds-Tag 1980 sagt er: »Israel, diese Quelle des Übels, ist von jeher ein Stützpunkt Amerikas. Seit über zwanzig Jahren warne ich vor der israelischen Gefahr. Wir müssen uns alle erheben, den Staat Israel auflösen und das Volk Palästinas an seine Stelle setzen.« Nichtsdestotrotz soll es zu israelischen Waffenlieferungen an den Iran während des Krieges mit dem Irak gekommen sein.

Andere Ayatollahs und spätere iranische Staatschefs waren noch deutlicher in ihrem Judenhass. Der schlimmste von allen war Ahmadinedschad, der den Holocaust leugnete und Israel als »Krebsgeschwür« bezeichnete, das bald von der Weltkarte verschwinden müsse. Der jetzige Präsident Rohani schlägt andere Töne an. Den Holocaust nennt er ein Verbrechen gegen die Menschlichkeit, das über die Juden und viele andere Menschen viel Leid gebracht habe.

Taqiyya oder: Täuschung für die Sache Gottes

Das arabische Wort *Taqiyya* bedeutet »Vorsicht« oder »Furcht« und bezeichnet im schiitischen Islam die Erlaubnis, bei einer großen Bedrohung den eigenen Glauben zu verheimlichen. Das Prinzip stammt aus den ersten Jahren des Islam, als Muslime noch eine schwache Minderheit in Mekka waren. Ihnen war es erlaubt, rituelle Aufgaben zu vernachlässigen, ihren Glauben zu verbergen oder auch zu leugnen, um sich vor den übrigen Mekkanern zu schützen. Vers 28 aus Sure 3 erklärt dieses Prinzip so: »Die Gläubigen sollen sich nicht die Ungläubigen anstatt der Gläubigen zu Freunden nehmen. Wer das tut, hat keine Gemeinschaft [mehr] mit Gott. Anders ist es, wenn ihr euch vor ihnen [den Ungläubigen] wirklich fürchtet *(illā an tattaqū minhum tuqāt)*.« Hier wird die Freundschaft mit Ungläubigen erlaubt, falls so Gefahren für das eigene Leben abgewendet werden können. Der Begriff *Taqiyya* wird aus den Wörtern *tuqāt* (fürchtend) und *tattaqū* (ihr fürchtet euch), die in diesem Vers verwendet werden, abgeleitet.

Der Islam war bald sehr erfolgreich mit seinen Eroberungen, und die Muslime bildeten rasch die Mehrheit oder stellten zumindest die Herrschaftselite in den eroberten Gebieten, somit war die Verstellung und das Leugnen des eigenen Glaubens nicht mehr notwendig. Anders war es bei den Schiiten, die sich wenige Jahre nach dem Tod Mohameds abspalteten. Sie waren es, die das Prinzip *taqīyya* einst prägten, als Selbstschutzmaßnahme, um sich vor Verfolgung zu schützen. Einem Schiiten war es demnach erlaubt, seine konfessionellen Ansichten zu verbergen, um sein Leben zu schützen. Man durfte sich verstellen, lügen oder andere täuschen, um von sich und seiner Familie Gefahren abzuwenden.

Ayatollah Khomeini erweiterte dieses Prinzip und erlaubte seinen Anhängern, sich als Atheisten zu geben, um Zugang zum Verwaltungsapparat des Schahs zu bekommen und das System zu unterwandern. Khomeini schreibt: »Sollten die Umstände der *taqiyya* einen von uns veranlasst haben, sich dem Gefolge der Machthaber anzuschließen, dann ist es seine Pflicht, davon abzulassen, es sei denn, seine rein formale Teilnahme brächte einen echten Sieg für den Islam.«

Auch in der Frühphase der Revolution verbarg er mit

Hilfe dieses Prinzips seine Absichten und führte Linke und Bürgerliche damit in die Irre, bis er alle Zügel an sich gerissen hatte. Dabei hätte es jeder wissen können: In seiner Schrift »Der islamische Staat« hat er alles bestens dargelegt.

Heute wird der iranischen Führung übrigens im Zusammenhang mit dem Atomprogramm *taqiyya* vorgeworfen, da sie gebetsmühlenartig von einer rein friedlichen Nutzung der Atomenergie redet.

Der Begriff *taqiyya* wird auch in der Islamkritik immer wieder verwendet, aus meiner Sicht oft übertrieben und inflationär. Da werden alle Muslime, ungeachtet ihrer ideologischen Ausrichtung, als Lügner dargestellt, die ihre wahren Absichten verbergen würden, bis sie Europa erobert haben. Man kann nicht alle Muslime über einen Kamm scheren. Tut man es doch, ist dies eher Ausdruck von Paranoia. Wer 1,5 Milliarden Muslimen vorwirft, die identischen Absichten und Ziele zu verfolgen, gehorcht dem gleichen Denkmuster wie ein Islamist, der glaubt, der gesamte Westen denke in identischen Schablonen und verfolge ein einziges Ziel – nämlich das, den Islam zu vernichten.

Am besten fragt man einen Schiiten, was *taqiyya* bedeutet. Hani Fahs erzählte mir einen Witz, in dem er auch gleich noch den Unterschied zwischen Sunniten und Schiiten erklärte. »Ein Mullah und ein arabischer Geistlicher sehen eine schöne Frau. Sie versuchen, heimlich mit ihr zu flirten. Beide zwinkern mit dem rechten Auge, um die Aufmerksamkeit der Frau zu wecken. Wenn der Araber dabei erwischt wird, wird er spontan mit dem Finger über sein Auge wischen, als sei ein Sandkorn hineingeraten, und das Problem ist gelöst. Der persische Mullah wird hingegen sein rechtes Auge zehn Jahre lang geschlossen halten, um

zu beweisen, dass das Zwinkern niemals stattgefunden
hat. Die persischen Uhren ticken eben anders!«

Reform oder kosmetische Korrektur?

Ich frage Fahs, ob eine Reform innerhalb des Mullah-
Regimes möglich sei. Er hat wenig Hoffnung und sagt:
»Was will man da reformieren? Man beruft sich auf Gott,
und Gott kann sich nicht geirrt haben. Die Mullahs können nicht einmal sagen, dass Khomeinis Ansichten über
Staat und Gesetz nicht zeitgemäß sind. Die Idee der *velayat-e faqih,* der Herrschaft der Kleriker, kann man nicht
reformieren. Aber man kann die Kleriker stürzen!«
Bei aller Euphorie über die versöhnlichen Töne von Präsident Rohani – er sei nicht der wirkliche Kopf des Mullah-Regimes, sondern lediglich das schöne Gesicht, das
so viel freundlicher und netter erscheint, verglichen mit
Ahmadinedschad. Auch ich halte die Charmeoffensive
des sympathischen Rohani für kontraproduktiv und gefährlich. Denn sie vermittelt die Illusion einer Veränderung, während im Hintergrund alles beim Alten bleibt.
Es mag sein, dass die Mullahs ihre Atomambitionen für
ein paar Jahre nach hinten schieben, um eine Lockerung
der Sanktionen zu erwirken. Dadurch wird es wirtschaftlich etwas bessergehen, und sie können einen Teil der Bevölkerung mit Geld ruhigstellen. Aber an den Zielen an
sich werden sie dennoch festhalten.
Die Sowjetunion konnte sich nicht wirklich von innen
reformieren. Als Gorbatschow dies versuchte, brach das
ganze Gebilde zusammen. Papst Franziskus kann die

Einstellung seiner Kirche zu bestimmten Themen verändern (was mühsam genug sein wird), aber die katholische Kirche als Ganzes wird auch er nicht wirklich reformieren können. Denn jede Reform wird zu einer anderen Reform führen, bis man sich vielleicht fragen wird, wozu man die Kirche im 21. Jahrhundert noch braucht. Und so weit kann kein Reformer gehen.

Hani Fahs unterstützte 2009 die Jugendbewegung gegen Ahmadinedschad. Er war nicht der einzige Mullah, der auf der Seite der Jugend stand. Ich frage ihn, ob die Grüne Revolution den Anfang vom Ende der islamischen Revolution markiere. »Es kann sein, aber das wird noch eine Zeitlang dauern. Was vom Khomeini-Regime übrig geblieben ist, sind das Geld, die Soldaten und die Sicherheitsapparate. Das ist nicht so einfach zu beseitigen. Aber junge Menschen glauben kaum noch an die Ideen der islamischen Revolution. Das macht das Regime hartnäckig und selbstzerstörerisch.«

Hani Fahs begrüßt, dass viele junge Theologen außerhalb des Regimes anders denken als die alte Garde, und weiß, dass das die Alten unter Druck setzen kann. »Die Mullahs müssen spüren dass sie alleine stehen. Erst dann kommt die Veränderung. Und dabei muss der Druck nicht nur von innen kommen, sondern auch von außen.« Ich hake nach und will wissen, wie eine Trennung von Islam und Staat im Mullah-Regime möglich sein soll.

»Viele Gelehrte sagen, der Islam sei eine Religion und ein Staat zugleich. Doch der Islam hat nicht das Zeug, einen Staat aufzubauen, zumindest nicht einen modernen funktionierenden Staat. Das mag im siebten Jahrhundert unter bestimmten Umständen noch funktioniert haben. Grundsätzlich kann ein auf Religion aufgebauter Staat

nicht für alle seine Bürger da sein, sondern nur für diejenigen, die der Konfession der Machthaber folgen. Und
wenn man sich die Geschichte genauer ansieht, stellt man
fest: Wann immer die Religion sich in die Angelegenheiten des Staates eingemischt hat, mündete dies in Ka-
tastrophen: die Dominanz der Kirche im Mittelalter, die
Taliban, die Muslimbrüder ...«

Fahs glaubt nicht an einen islamischen Staat. Den könne
es niemals geben. Denn die Schiiten wollen, dass der Staat
nach ihren Überzeugungen geführt wird, die Sunniten
wollen es aber anders, die Sufis haben wieder andere Vorstellungen. Und am Ende wird man keinen islamischen,
sondern einen sektiererischen Staat haben wie im Iran,
wo nicht nur Juden und Bahai unterdrückt werden, sondern auch sunnitische Muslime. In Ägypten wiederum
sind die schiitischen Muslime verhasster als die Juden.
Dass man hier kaum noch durchblickt, auch das liegt laut
Fahs in der Natur des sektiererischen Staates: Er schottet
sich nicht nur gegen Angehörige anderer Religionen ab,
sondern auch gegen die anderen Richtungen innerhalb
des gleichen Glaubens. In Europa mündete dies im Drei-
ßigjährigen Krieg.

Stundenlang redet der Islamgelehrte, ohne den Propheten oder den Koran zu zitieren. Dafür fallen Namen wie
Thomas von Aquin, Kant und Max Weber. »Ja, ich bin
für Nachahmung. Europa ist ein Erfolgsmodell. Und die
Aufklärung hat dem Christentum nicht geschadet, sondern es gerettet. Genau das brauchen wir, egal, ob Schiiten oder Sunniten. Wir müssen endlich begreifen, dass
die Aufklärung sich nicht gegen die Religion wendet,
sondern für die Vernunft einsetzt. Wer etwas gegen die
Vernunft hat, hat ein ernsthaftes Problem.«

Kapitel 9

Der Aufstand der Ungläubigen – fünf Atheisten aus der islamischen Welt erzählen ihre Geschichte

Der arabische Frühling hat einen innerarabischen Kampf der Kulturen entfesselt. In Ländern wie Ägypten, Iran, Marokko und Tunesien streiten säkulare und religiöse Kräfte seit drei Jahren darüber, wie viel Einfluss Religion auf den Staat und auf die Gesetzgebung nehmen darf. Immer häufiger geben sich inzwischen auch arabische Atheisten öffentlich zu erkennen und mischen sich in die politische Debatte ein.

Ich habe fünf von ihnen getroffen – junge Menschen, die in dieser schwierigen Lage und trotz Lebensgefahr ihre Stimme erheben. Und ich weiß, was das bedeutet.

»Wir haben die Gläubigen in ihrem Zuhause besiegt«

Sein Name bedeutet eigentlich das Gegenteil seiner Gesinnung. *Momen* heißt auf Arabisch »gläubig«. Doch Momen ist seit vier Jahren Atheist. Er ist 21 Jahre alt und studiert Ingenieurwesen an der religiösen Universität al-Azhar in Kairo, die als Zentrum des sunnitischen Islam gilt. Zwei Jahre lang behielt er seine Abkehr vom islamischen Glauben für sich. Erst nach dem Sturz Mubaraks nahm er all seinen Mut zusammen und teilte seiner Familie und engen Freunden mit, dass er nicht mehr an Gott glaube. Viele in seiner Umgebung waren schockiert. Doch Momen stellte fest, dass er nicht der Einzige war, viele seiner Freunde hatten eine ähnliche Einstellung. Aber sie trauten sich nicht, sich zu outen.

Momen gründete mit ein paar Freunden eine Facebook-Seite, sie nannten sie »Vereinigung ägyptischer Atheisten«. Binnen weniger Monate hatte die Seite mehrere tausend Follower, die meisten von ihnen sind mit Klarnamen und echtem Profilbild zu sehen. Ein Novum in der arabischen Welt. »Die Ägypter sind nicht von Natur aus so religiös, wie uns die Islamisten weismachen. Ich vermute in jeder ägyptischen Familie einen Atheisten oder zumindest einen islamkritischen Menschen, der nur aus Angst vor seiner Umgebung schweigt«, sagt Momen.

Eine Begegnung mit Islamisten in einer Moschee in Altkairo Mitte Februar 2013 war für ihn ein Schlüsselerlebnis. Ein Gelehrter der Muslimbrüder hatte zu einem Vortrag geladen. Das Thema: »Wie denkt ein Atheist?«

Momen und drei seiner Freunde nahmen in der überfüllten Moschee Platz. Achtzig Minuten lang, so berichtet Momen, habe der Scheich sinnloses Zeug über den Atheismus und die Evolutionstheorie erzählt. Als im Anschluss die Diskussion eröffnet wurde, stellte Momen fest, dass die Mehrheit der Anwesenden Atheisten waren, die über soziale Netzwerke von dem Vortrag erfahren hatten. Auch Frauen, die Kopftücher trugen, hätten keine Hemmungen gehabt, sich als Atheistinnen zu bezeichnen. Die meisten der Anwesenden waren gebildete Ex-Muslime, die den Vortragenden wegen seiner falschen Theorien regelrecht vorführten.

»Wir haben die Gläubigen in ihrem Zuhause besiegt«,
sagt Momen stolz.

Der Verlauf dieses Abends bestärkte ihn darin, eine weitere Bewegung zu gründen, mit der er noch mehr Ägypter erreichen wollte. »Die Säkularen« sind inzwischen in
Kairo, Alexandria und drei weiteren ägyptischen Provinzen aktiv. Dort organisieren sie Diskussionsveranstaltun-
gen, um über die Prinzipien des Säkularismus aufzuklä-
klären. Denn der Begriff hat – fast so sehr wie »Atheismus« – für viele Muslime einen negativen Beigeschmack.
Eigentlich hatte Momen nicht vor, seinen Atheismus
politisch zu thematisieren. »Aber wenn der Glaube politisch ist, ist mein Nichtglaube automatisch auch politisch. Solange Ungläubige verfolgt werden, solange die
Religion sich in die privaten Angelegenheiten der Menschen einmischt, kann meine Abwendung von der Religion keine Privatsache bleiben«, sagt er.

Höchst politisch wird es an jenem Abend, als Momen
mich zu einem Vortrag einlädt. Ich ergreife das Wort zum
Thema religiöser Faschismus. »Die faschistoiden Züge
des Islam sind nicht erst mit dem Aufstieg der Muslimbrüder entstanden, sondern in der Urgeschichte des Islam begründet«, lautet meine zentrale These. Das Video
der Veranstaltung verbreitete sich rasch im Internet. Einige Tage später ruft der Anführer der Terrorbewegung
al-Dschamaa al-Islamiyya, Assem Abdel-Maged, nicht
nur zu meiner Ermordung auf, sondern droht auch Momen, der während des Vortrags neben mir gesessen hatte.
Wie es weiterging, habe ich ja bereits im Vorwort erzählt.
Der Vortrag und die ganze unsägliche Affäre, die er aus-
löste, haben auch den Säkularen um Momen viel Kritik
und Drohungen eingebracht, aber auch viele tausend

neue Anhänger. »Im Kampf gegen den Islamismus haben viele von uns anfangs gezögert, aufs Ganze zu gehen. Sie verharrten am Rand des Schlachtfelds und hatten Angst, sich am Kampf zu beteiligen. Dieser Vortrag hat uns gezwungen, zu offenbaren, was wir wirklich denken«, sagt Momen.

Ich bin wie er der Meinung, dass Säkularismus in Ägypten mehr als nur eine Option ist. Er ist eine Bestimmung. Unklar ist nur, zu welchem Preis. Blut, würde die Geschichte sagen. Viel Blut. Die Islamisten haben sowohl eine pragmatische als auch eine selbstmörderische Tendenz. Es ist nicht abzusehen, welche der beiden am Ende die Oberhand behalten wird. In beiden Fällen werden die Radikalen auf lange Sicht verlieren, weil sie den Menschen nur leere Versprechen machen können.

»Stehend sterben«

Es ist das erste Mal seit einem Jahr, dass er in einem Straßencafé sitzt. Er wirkt auf mich sehr freundlich, aber distanziert. Seine Augen wandern unruhig umher, immer wieder mustert er die Menschen auf der Straße. Dabei macht er nicht den Eindruck, als würde er Angst haben. Er sucht nicht nach potenziellen Jägern, die ihn töten wollen, sondern nach Geschichten und Inspiration für seine Musik. Der Iraner Shahin Najafi beobachtet das Leben um sich herum, schöpft daraus den Stoff für seine Lieder.

Ich treffe ihn am 10. Mai 2013 in Berlin, am Jahrestag der Bücherverbrennung in Deutschland vor achtzig Jahren.

Genau ein Jahr zuvor war Shahin in den Untergrund gegangen, die Ayatollahs in seiner Heimat Iran hatten eine
Todesfatwa gegen ihn erlassen. Auf ihn wurde ein Kopf-
geld in Höhe von 100 000 Dollar ausgesetzt. Der Grund:
Ein Lied, in dem Shahin in einem fiktiven Dialog Naghi,
einen Nachfahren des Propheten Mohamed, aufforderte,
zurückzukehren, um den Iran vor der Diktatur zu retten.
Der heilige Naghi solle dabei außerdem viel Liebe, Via-
gra und Silikonbrüste mitbringen, um die Iraner glücklich zu machen.
Shahin bestreitet, religiöse Inhalte bewusst zu nutzen,
um zu provozieren: »Ich hatte nie die Absicht, die Religion anzugreifen. Das ist ein Vorwurf derer, die die Religion als ein Werkzeug der Unterdrückung missbrauchen.
Ich beziehe den Stoff für meine Kunst aus allem, was
mein Leben und das Leben der Iraner beeinflusst. Und
dazu gehören auch die Religion und ihre Symbole. Mir
geht es in erster Linie um die Kunst. Und meine Kunst
hat kein bestimmtes Ziel außer der Freiheit.«
Schon seit langem war der rebellische Untergrundkünst-
ler dem Regime ein Dorn im Auge, denn seine Mullah-
kritischen Lieder waren sehr beliebt unter jungen Iranern.
Im Jahr 2004 wurde ein Konzert von Shahin in seiner Heimatstadt Bandar Anzali von Schlägerbanden des Regimes
gestürmt. Er hatte gerade das Lied »Rish« (Bart) gesun-
gen, in dem er die Mullahs auf die Schippe nahm. Shahin
wurde verhaftet und gefoltert, lebte eine Weile im Untergrund, bis ihm 2005 die Flucht nach Deutschland gelang.
Ich unterhalte mich mit Shahin über die Ähnlichkeit zwischen dem Mullah-Regime in seiner Heimat und dem der
Muslimbrüder in meiner Heimat Ägypten. Beide waren
nach einer friedlichen Revolution an die Macht gekom-

men, die Freiheit und Gerechtigkeit zum Ziel hatte. Beide nutzten die Demokratie als Vehikel, um – kaum am Ruder – die Demokratie zu vernichten. An der Spitze beider Länder steht eine religiöse Diktatur, die extrem humorlos und allergisch auf jede Form von Kritik reagiert. Auch in Ägypten werden nicht nur religionskritische Schriftsteller, sondern auch Künstler und Satiriker juristisch verfolgt und bedroht.

Diktaturen leben von Legenden und von der Angst der Menschen. Künstler wie Shahin Najafi versuchen, mit Witz und Intelligenz an den Mythen der Diktatoren zu kratzen. Dadurch nehmen sie den einfachen Menschen die Angst vor diesen überhöhten Figuren. Und deshalb werden er und alle, die es wagen, die Grundlagen des Systems in Frage zu stellen, bedroht und beseitigt.

Aber Shahin will sich nicht einschüchtern lassen. Ein Jahr nach der Todesfatwa gibt er an jenem Maiabend sein erstes Konzert. Der Saal in Berlin-Kreuzberg ist gut gefüllt. Als er die Bühne betritt, tobt das Publikum, zum größten Teil Exil-Iraner. Bei jedem Lied ist die Solidarität und Verbundenheit des Publikums mit dem Künstler spürbar. »Shahin bringt uns den Iran ganz nah. Er sagt in einem Satz, wofür andere ein Buch brauchen«, meint eine junge Iranerin. Der Fotograf Hamed Rowshangah hat den Sänger immer im Blick. Er versucht, jede Geste von Shahin festzuhalten. »Dieser Mann ist eine Symbolfigur für uns. Mut und die Liebe zum Leben sind seine Botschaft an die iranische Jugend. Er schreit das laut heraus, was viele im Iran denken, aber nicht zu sagen wagen. Er wehrt sich gegen die Herrschaft der Schriftgelehrten und gegen die Diktatur. Deshalb lieben wir ihn.«

Das Publikum singt fast jedes Lied mit, nur die neuen
Songs kennen seine Fans noch nicht. Immer wieder for-
dern sie: »Naghi, Naghi!« Aber Shahin singt das Lied
nicht, das ihm die Fatwa einbrachte. Hat er Angst, oder
will er einen Waffenstillstand mit den Mullahs schließen?
Natürlich nicht. Er hat das Beste nur bis zum Ende auf-
gespart: »Hi Naghi«, schreit er, springt von der Bühne
und genießt das Bad in der Menge, die ihn regelrecht ver-
schluckt.

»Ich bin wie ein Fisch. Bühne und Publikum sind mein
Wasser. Ich kann ohne Auftritt nicht leben«, sagt Shahin
hinterher. Die Freude, die Dankbarkeit seines Publikums
machen ihn sehr glücklich. Sein größter Wunsch aber ist
es, noch in einem freien Iran aufzutreten. »Was wäre das
erste Lied, das du dort singen würdest?«, frage ich ihn.
»Ich denke, das Lied ›Istadeh Mordan‹ (stehend sterben).« Shahin hat es in der schwierigen Zeit nach der
Fatwa geschrieben. »Dieses Lied ist für mich und viele
meiner Landsleute ein Symbol des Widerstands. Und dafür, dass man vielleicht bis zu seinem Tod für seine Überzeugung kämpfen sollte.«

»Was ist das für ein Glaube? Welcher Gott?«

Normalerweise führt der Tod eines Familienmitglieds
eher dazu, dass man beginnt, über den Sinn von Leben
und Tod nachzudenken – und so möglicherweise zum
Glauben findet. Bei Nadya war es genau umgekehrt. Die
25-jährige Kunststudentin hatte seit ihrer Kindheit eine
sehr enge Beziehung zu ihrem Großvater; er hat nieman-

den mehr geliebt als sie. Als er im Sommer 2012 starb, wollte Nadya ihn bis zu seiner Grabstätte in der tunesischen Provinzstadt Sfax begleiten. Nach muslimischer Tradition darf keine Frau bei einer Beerdigung anwesend sein. Nadya widersetzte sich dieser Regel, schlich der Trauerprozession hinterher und beobachtete die Beerdigungszeremonie verborgen hinter einer kleinen Friedhofsmauer. Doch plötzlich störte ein Moralwächter ihren Moment des stillen Abschieds. Ein entfernter Verwandter hatte sie entdeckt, eilte zur Mauer, griff sie an und schimpfte los: »Hau ab! Frauen sind unrein und haben auf dem Friedhof nichts zu suchen. Deine Anwesenheit wird deinem Großvater nur Qual bringen. Geh!«

Nadya ging nach Hause und dachte zum ersten Mal über den Sinn ihrer Religion nach. »Was ist das für ein Glaube, der eine Mauer zwischen mir und meinem geliebten Großvater baut? Was ist das für ein Gott, der einem Mann das Recht gibt, mich zu schlagen?« Ohne lange zu überlegen, holte Nadya eine Schere und einen Rasierer und schor ihren Kopf kahl. »Mit meinem Haar war auch die Religion weg!«

Sie hört auf zu erzählen, holt eine Zigarette aus der Schachtel und raucht schweigend. Tränen laufen ihr über das Gesicht. Um uns herum im Restaurant sitzen viele Tunesier, sie lachen und scherzen. Nadya beobachtet sie irritiert. Sie kann selten abschalten, die Geschehnisse in ihrer Heimat wühlen sie immer auf. Die Kunststudentin verbrachte vor zweieinhalb Jahren vier Wochen auf der Straße, um gegen den langjährigen Diktator Ben Ali zu demonstrieren. Sie forderte mit Hunderttausenden Demonstranten Gerechtigkeit und die Einhaltung der Menschenrechte. Sie ahnte damals nicht, dass bald die Islamisten die Macht übernehmen und eine neue Gesellschaftsordnung durchsetzen würden.

Früher spielte der Glaube in Tunesien kaum eine Rolle;
Religion und Politik waren getrennt. Heute trauen sich
sogar »Hardcore-Kommunisten« nicht mehr zu sagen,
dass sie laizistisch sind. Vor allem seit der Ermordung des
linken Politikers Chokri Belaïd im Februar 2013 und des
populären Parlamentariers Mohamed Brahmi im Juli des
gleichen Jahres wächst die Angst unter Oppositionellen
und säkularen Intellektuellen. Selbstzensur als Schutz
vor Verfolgung. Zwei Künstlerkollegen Nadyas wurden
zu acht Jahren Haft verurteilt, weil sie Karikaturen des
Propheten Mohamed im Internet veröffentlicht hatten.
Die Empörung der Öffentlichkeit hielt sich in Grenzen,
ein lähmendes Schweigen. Nadya schämt sich, dass Tunesien, wo der arabische Frühling seinen Anfang nahm,
nun von einer neuen Diktatur regiert wird.

Die islamistische Partei al-Nahda (Wiedergeburt) hat bei
den ersten freien Wahlen über 40 Prozent geholt, sie verfügt über eine gute Organisation und jede Menge religiöser Eiferer, die Präsenz auf der Straße zeigen. Nachdem
sie sich Jahrzehnte am Rand der Großstädte »wie Ratten« versteckt hätten, eroberten sie nun die Innenstädte
und versuchten, die Straße im rasanten Tempo zu islamisieren, klagt Nadya. Auch islamistische Frauen seien nun
aktiv geworden. Nadya wurde oft im Bus beschimpft,
weil sie wie ein Mann aussieht und kein Kopftuch trägt.
»Ich werde in dieser Gesellschaft dreifach diskriminiert:
Einmal, weil ich Atheistin bin, dann, weil ich eine Frau
bin. Und drittens, weil ich eine Frau bin, die wie ein
Mann ausschaut.«

Nach dem Wahlsieg stürmten Salafisten wiederholt Bars,

Bordelle und Musikveranstaltungen. Die Provinzuniversität in Manouba wurde von Salafisten angegriffen, sie rissen die tunesische Flagge vom Uni-Gebäude herunter und hissten stattdessen das Banner von al-Qaida. Die Salafisten gehören zwar nicht zu al-Nahda, werden aber von ihr geduldet und bewusst instrumentalisiert – einerseits, um die Opposition zu verschrecken, andererseits, um sich dem Westen als die moderatere Alternative zu verkaufen.

An manchen Tagen hält Nadya die Realität nicht mehr aus. Trost findet sie in solchen Momenten in der virtuellen Welt. Sie und ihr Freund Alaa sind auf einer Facebook-Seite für Konfessionslose aktiv. Immerhin 500 Mitglieder tauschen sich dort aus. Aber Nadya glaubt nicht, dass sich Tunesiens Atheisten wie ihre ägyptischen Kollegen erheben werden. Zu groß sei die Angst und vielleicht auch die Gleichgültigkeit. Viele wünschten sich nun eine Rückkehr Ben Alis, weil der Diktator doch immer wieder betont hatte, er würde die Tunesier vor den Islamisten schützen. Nadya sieht in der Ben-Ali-Nostalgie eine Bankrotterklärung der Tunesier.

Junge Menschen würden das Internet inzwischen nicht mehr nutzen, um sich zu organisieren und zu Protesten aufzurufen, sondern um ein Ventil für ihre Frustration zu finden. Kaum jemand sehe noch eine Perspektive, viele würden zu Drogen greifen. »Ich habe keine Ahnung, wo mein Land hinsteuern wird. Aber eines weiß ich ganz sicher: Ich werde in diese Welt keine Kinder setzen!« Eine Lebensentscheidung, die ihr nicht leichtgefallen sei. »Es ist eine Niederlage, doch die muss ich mir eingestehen.« Ich sitze ihr gegenüber, ringe nach Worten. Ich möchte nicht, dass unser Gespräch so endet. Nach einer Weile sage ich: »Kein Mensch hätte es damals für möglich gehalten, dass die Araber sich gegen die Diktatur erheben würden. Keiner hat es für möglich gehalten, dass die Tunesier damit anfangen. Vielleicht kommt bald eine zweite Welle. Wir haben eine multiple Diktatur in unseren Ländern. Die eine Schicht ist weggeschwemmt, nun ist die zweite Schicht aufgetaucht. Aber auch die können wir wegfegen, wir müssen nur durchhalten!«

Ich weiß nicht, ob ich ihr mit diesen Sätzen Mut zusprechen wollte, oder mir selbst.

»Wie kann man die Freiheit nicht schätzen?«

Nach einem Vortrag im Theater Neumarkt in Zürich im Mai 2013 kamen zwei Männer auf mich zu, die unterschiedlicher nicht hätten sein könnten. Der 30-jährige Nicolas Blancho, der in einer liberalen Familie im Schweizer Biel konfessionslos aufwuchs und früher zur Hip-Hop- und Punk-Szene gehörte, konvertierte im Alter von 16 Jahren zum Islam und wurde Salafist. Der 23-jährige Marokkaner Kacem El Ghazzali, der aus einer konservativen muslimischen Familie stammt, schwor vor Jahren dem Glauben ab. Er lebt seit zwei Jahren in der Schweiz und versucht von dort aus, Atheisten in seiner Heimat zu unterstützen.

Der Schweizer Blancho hat in der offenen und freien Gesellschaft Regeln und moralische Orientierung für seinen Alltag gesucht; er fand sie in den klaren Strukturen des orthodoxen Islam. Sein ehemaliger Lehrer Alain Pichard sagte in einem Interview mit dem *Tagesanzeiger* im April 2010 über ihn, er sei ein mittelmäßiger Schüler gewesen,

»der ein wenig ziellos, fast verloren wirkte«. Erst mit
dem Übertritt zum Islam wurde er selbstbewusster,
schaffte seine Matura und studierte Islamwissenschaften
und Jura an der Universität Bern.

Der Marokkaner Kacem dagegen wandte sich vom Islam
ab, weil er sich von den strengen Regeln der Religion und
von der moralischen Bevormundung in seinem Heimat-
land erdrückt fühlte. Er hatte seine Jugend im Internat
einer Koranschule in der Nähe von Casablanca verbracht,
wo er die salafistische weiße Tracht tragen musste – westliche Kleidung war verboten. Als sein Vater ihm einen
PC kaufte, tat sich für Kacem eine neue Welt auf. Er verbrachte Stunden vor dem Rechner, las in Blogs im Internet
Sachen, die er aus der Schule und der Moschee nicht kannte, er sog begeistert alles auf. Von der Evolutionstheorie
bis hin zu internationaler Literatur. Er traf auf eine neue
Lern- und Diskussionskultur. In der Schule und der Moschee war alles Lernen vertikal ausgerichtet. Der Lehrer
oder der Imam gab etwas vor, der Schüler hatte es zu
schlucken. Der eine sprach, der andere schwieg. Im Internet war das Lernen plötzlich interaktiv, vor allem aber gab
es keinen, der einem etwas vorsetzte und sagte: friss. Eine
völlig neue Form der Gleichberechtigung.

Blancho wechselte damals nicht nur seine Religion, sondern gründete auch den Islamischen Zentralrat in der
Schweiz, der junge Menschen zum Salafismus verführen
sollte. Früher hat er sich sogar offen für die Einführung
der Scharia in der Schweiz ausgesprochen, die etwa die
Steinigung von Ehebrecherinnen und die Hinrichtung
von Apostaten vorsieht. Heute ist er in seiner Wort-
wahl vorsichtiger geworden. Er bezeichnet die Steinigung zwar als »einen Bestandteil, einen Wert« seiner

Religion, der aber im Schweizer Kontext nicht zur Anwendung kommen solle.

Über die Rolle des Islamischen Zentralrats der Schweiz gibt es unterschiedliche Auffassungen. Der umstrittene Islamwissenschaftler Tariq Ramadan betrachtet Blancho und den Islamischen Zentralrat als »Sektierer ohne Basis« und als »eine Randerscheinung in der muslimischen Landschaft«. Keinesfalls repräsentiere die Organisation die Mehrheit der Muslime in der Schweiz. Und Markus Seiler, Direktor des Nachrichtendienstes des Bundes, befand im Mai 2010: »Es geht beim Islamischen Zentralrat der Schweiz um ideologischen, nicht um gewalttätigen Extremismus.«

Man übersieht dabei, dass die wahhabitische Ideologie, die Blancho verbreitet, zwar nicht offen zur Gewalt aufruft, ihr aber den Weg ebnet. Wer andere Menschen als Sünder oder Ungläubige bezeichnet, entmenschlicht sie. Wer davon ausgeht, dass Sünder in der Hölle schmoren werden, billigt ihnen nicht die gleichen Rechte zu, sondern entzieht ihnen die Existenzberechtigung.

Kacem wurde in Marokko im Namen der Scharia geschlagen und mehrfach mit dem Tod bedroht, bis er das Land verließ. Er wurde Menschenrechtsaktivist und kämpft für Glaubens- und Meinungsfreiheit. Er wehrt sich gegen diejenigen, die versuchen, die muslimische Bevölkerung der Schweiz zu radikalisieren. »Ich bin doch nicht vor der Scharia in Marokko geflohen, um sie in der Schweiz wiederzuhaben«, sagt er.

Kacem und Blancho kannten sich bis zu dem zufälligen Treffen in Zürich nicht persönlich, hatten aber einige Monate zuvor einen indirekten Streit. Als der Zentralrat der Muslime den radikalen saudischen Prediger Mohamed al-Arifi zu einem Vortrag in Fribourg Mitte Dezember 2012 einlud, organisierte Kacem eine erfolgreiche Kampagne, die al-Arifis Einreise verhinderte. Grund dafür waren Fernsehauftritte des Predigers in der jüngeren Vergangenheit: Er hatte sich in TV-Sendungen etwa für das Recht des Mannes ausgesprochen, seine Ehefrau zu schlagen, und behauptet, europäische Frauen hätten Sex mit Hunden und 54 Prozent der dänischen Frauen wüssten nicht, wer der Vater ihrer Kinder sei.

Kacem kann nicht begreifen, wie ein Mensch wie Blancho, der in Freiheit aufgewachsen ist, diese Freiheit offenbar nicht zu schätzen weiß. Und warum Menschen, die Kant und Voltaire gelesen haben, primitive Prediger wie al-Arifi brauchen.

Zwischen den beiden Konvertiten entwickelt sich an jenem Abend eine Debatte über die Scharia in der Schweiz. Blancho sieht keinen Widerspruch zwischen dem islamischen Recht und dem Schweizer Gesetz. Kacem kontert und fragt nach der Polygamie, die im Islam erlaubt, in der Schweiz aber verboten ist. Blancho antwortet: »Das Gesetz macht es möglich, dass zwei Männer in der Schweiz heiraten dürfen. Wenn man das akzeptiert, muss man auch akzeptieren, dass muslimische Männer mehrere Frauen heiraten dürfen. Das nennt man Gleichberechtigung.« Es ist interessant, wie oft Begriffe wie Freiheit oder Gleichberechtigung von Salafisten missbraucht werden. Niemals geht es um die Gleichberechtigung oder Freiheit anderer, wenn sie davon reden, sondern nur um die Vorteile, die sie selbst daraus ziehen.

Verkehrte Welt: Der Marokkaner trägt Jeans, zitiert Kant und kämpft für die Freiheit, während der Schweizer einen radikalen Prediger aus der Wüste zum Vorbild nimmt und von einer islamischen Gemeinde wie im Mittelalter träumt.

Anfang April 2012 wurde Kacem als Referent eingeladen, um vor dem UN-Menschenrechtsrat in Genf über Glaubensfreiheit in Marokko zu sprechen. Mitte Juni 2012 wurde Blancho zu einer Salafistenveranstaltung in Kairo eingeladen, die junge Muslime weltweit dazu aufrief, in den Dschihad in Syrien zu ziehen.

»Es gibt keinen Gott außer Mickymaus!«

Nach dem Sturz der Diktaturen in Ägypten und Tunesien wurde das Königshaus in Marokko unruhig und entschied sich, eine sanfte, kontrollierte Revolution zuzulassen. Studenten und Islamisten waren auf die Straße gegangen und hatten Reformen gefordert. Die Wut der Bürger hatte sich dabei nicht gegen den beliebten König Mohammed VI. gerichtet, sondern gegen die linke Regierung. Eine neue, dem Anschein nach freiheitliche Verfassung wurde in Windeseile verabschiedet, um die liberalen Kräfte zufriedenzustellen. Wahlen fanden statt, und die Islamisten durften zum ersten Mal in der Geschichte des Landes die Regierung bilden.

Der junge Blogger Imad Iddine Habib wollte die neue Verfassung auf ihre Alltagstauglichkeit testen. In Artikel 3 wird die Glaubens- und Gewissensfreiheit garantiert. Habib kündigte die Gründung des »Zentralrats der Ex-Muslime in Marokko« an. Eine Woche später verfügte der höchste Gelehrtenrat – ein Verfassungsorgan, das vom König geleitet wird –, dass gegen Apostaten eine

Fatwa ausgesprochen werden dürfe, die bis zur Hinrichtung gehen könne.

Imad Iddine Habib weiß, dass die marokkanische Justiz im Ernstfall nicht wirklich ein Todesurteil gegen einen Apostaten fällen würde, da der König sein Image im Westen als reformorientierter Monarch nicht beschädigen wolle. Er meint, es handele sich hier nur um einen billigen Flirt mit den Islamisten. Die Gefährlichkeit dieser Fatwa liegt für ihn darin, dass religiöse Eiferer sich dadurch ermächtigt fühlten, eigenhändig Apostaten zu töten, wo auch immer sie sie fänden. »Wie soll die Justiz dann mit dem Täter umgehen? Er hat doch nur Gottes Willen vollstreckt, so wie er in der Fatwa steht!«

Habib ließ sich von der Fatwa nicht beeindrucken. Mit einer weiteren Provokation wollte er die Verfassung endgültig als Farce entlarven. Er gründete mit dem im Züricher Exil lebenden Ex-Muslim Kacem El Ghazzali die Bewegung *masayminsh*, zu Deutsch »Wir fasten nicht«. »Zur Glaubensfreiheit gehört doch das Recht, sich an die religiösen Gebote nicht halten zu müssen«, sagt er. Seine Bewegung rief nicht nur zum Boykott des Fastenmonats Ramadan auf, sondern organisierte auch öffentliche Workshops für Konfessionslose. Als die Behörden merkten, dass die Ideen auf breite Zustimmung unter jungen Marokkanern stießen, wurde Haftbefehl gegen Habib erlassen, er wurde polizeilich gesucht. Seine Familie wandte sich von ihm ab, und selbst seine säkularen Freunde warfen ihm vor, zu weit gegangen zu sein. Wenige Monate vor dem Abschluss seines Studiums am Institut für Physiotherapie musste Habib untertauchen, ohne Geld und ohne Perspektive. Sollte er verhaftet werden, könnte er zu fünfzehn Jahren Haft verurteilt werden.

Ich treffe Imad Iddine Habib in Casablanca – und kann kaum glauben, dass ich vor einem 22-Jährigen stehe. Er wirkt alt, verbittert und gestresst. Enttäuscht ist er in erster Linie von seinen Freunden, die sich Freiheitskämpfer und Menschenrechtler nennen würden, sich aber zugleich von ihm distanziert hätten und ihm vorwerfen, er habe ihrer Sache durch seine »unnötigen Provokationen« geschadet. Die Zeit sei einfach noch nicht reif. »Wenn alle denken, es ist noch nicht die richtige Zeit, dann wird die richtige Zeit nie kommen. Irgendjemand muss ja einmal den Mund aufmachen. Ich lebe jetzt, und ich will die Freiheit jetzt«, sagt er.

Imad Iddine Habib wurde bereits mit vierzehn Atheist. Sein Koranlehrer hatte ihm gruselige Geschichten von den Qualen in der Hölle erzählt, lange hatte er Alpträume. »Ich war bereit, alles zu tun, um diese Angst loszuwerden. Am Ende blieb mir nichts anderes übrig, als den Koran abzulehnen. Ich habe mir eines Nachts gesagt: Es gibt keinen Gott, und den Koran hat nur ein Mensch aus der Wüste geschrieben. Das war meine Befreiung. Danach hatte ich keine Alpträume und keine Schuldgefühle mehr.«

Die Loslösung – für ihn war sie so einfach. Deshalb kann er nicht verstehen, warum Millionen von Gläubigen sich das Leben so schwermachen, warum Menschen für eine aus seiner Sicht fiktive Figur namens Gott andere Menschen töten. »Religion bedeutet Überwachung. Und Überwachung führt zu Paranoia und Schizophrenie. Schauen Sie sich unsere Gesellschaft an. Die meisten sind doch krank.«

Es gibt unzählige Atheisten in Marokko, aber die meisten von ihnen bewegen sich fast ausschließlich in der virtuel-

len Welt. Wer sich in der realen Welt zeigt, wird sofort
verfolgt. Eine Religion, die von sich behauptet, die letzte
wahre Religion zu sein, hält keine Kritik aus. »Wenn es
tatsächlich einen Gott gäbe, würde es ihm dann schaden,
dass ich nicht an ihn glaube?«, fragt Habib. Nein, es gehe
nicht um Gott, sondern um die Macht derer, die in seinem Namen handelten. Religion stützt die Macht des
Königs, der »das Oberhaupt der Gläubigen« genannt
wird, und somit eine zusätzliche Legitimation bekommt.
Vor allem in Zeiten des Umbruchs. Wer die Unantastbarkeit der Religion in Frage stellt, zweifelt auch an der absoluten Macht des Königs. »Vermutlich denkt der König
über die Religion genauso wie ich, aber er kann es nicht
laut sagen«, schmunzelt Habib. »Im Ernst: Warum sollte
er die Menschen aufklären, wenn er selbst von ihrer Unwissenheit am meisten profitiert?«

Habib erzählt, dass er vor einigen Wochen völlig ver-
zweifelt gewesen sei und einen Freund aufgesucht habe,
der bei einer internationalen Menschenrechtsorganisati-
on arbeitet. Der Freund habe ihm mitgeteilt, dass er
leider nichts für ihn tun könne – Imad Iddine habe sich
verrannt, sich selbst sozusagen von innen eingesperrt. Er
empfahl ihm, zu einem Psychiater zu gehen, um seine
mentalen Störungen in den Griff zu bekommen. Oder
aber auf seiner Facebook-Seite Reue zu zeigen und das
Glaubensbekenntnis des Islam »Es gibt keinen Gott außer Allah« zu posten. Nur so sei er vielleicht noch zu
retten. Imad Iddine ging müde und enttäuscht zurück
in sein Versteck, öffnete seinen Laptop und postete auf
Facebook: »Es gibt keinen Gott außer Mickymaus!«

Kapitel 10

Salafisten und Dschihadisten – der islamische Faschismus in Europa

Lamya Kaddor ist eine deutsche Islamlehrerin syrischer Abstammung. Sie verfolgt den Krieg in ihrer Heimat mit großer Anteilnahme. Sie sieht, wie das Land ihrer Eltern zum Schlachtfeld eines brutalen Krieges wird, bei dem man kaum noch durchblickt, wer für oder gegen wen kämpft und warum. Kann man tatsächlich noch von einem Bürgerkrieg sprechen? Oder ist der Konflikt nicht längst zu einem Stellvertreter-Krieg geworden? Tatsächlich fallen die Entscheidungen nicht mehr in Aleppo, Hama und Damaskus, sondern eher in Teheran, Riad und Moskau. Und die Kämpfer kommen aus dem Libanon, dem Irak, aus Kuwait, Algerien, Marokko, eigentlich aus der ganzen Welt, auch aus Deutschland. Der Verfassungsschutz schätzt, dass seit Beginn der Kämpfe rund 240 deutsche Islamisten nach Syrien gereist sind (Stand Dezember 2013), um sich dem Dschihad anzuschließen. Aus ganz Europa, so vermutet man, seien rund 2000 Kämpfer in Syrien aktiv.

Wie vor ein paar Jahren der Irak ist Syrien heute der Magnet schlechthin für Abenteuer-Dschihadisten. Syrien hat den Nahostkonflikt als Rekrutierungs- und Betätigungsfeld für Islamisten aus aller Welt abgelöst. Mit Erschrecken hat Lamya Kaddor festgestellt, dass auch fünf ihrer ehemaligen Schüler unter den Syrien-Dschihadisten sind. Fünf junge Männer, die früher mit dem Islam kaum etwas am Hut gehabt hätten. »Sie hatten alle Freundin-

nen, konsumierten Alkohol und Drogen«, erzählt Lamya. »Keiner von ihnen hatte jemals irgendetwas mit
Syrien zu tun, sie sind nicht einmal Araber. Vier von
ihnen sind türkischstämmig, der fünfte ist Kosovo-Alba-
ner.« Wie konnte es geschehen, dass fünf Jugendliche aus
Nordrhein-Westfalen zu Dschihad-Kämpfern in Syrien
wurden? Was und wer hat sie dorthin gebracht?

»Ich glaube, sie wissen überhaupt nicht, worum es bei
dem Konflikt dort geht. Das ist vielleicht auch egal. Entscheidend ist, dass sie dort eine Aufgabe haben«, meint
Lamya. Sie erzählt, dass alle fünf einen Hauptschulab-
schluss gemacht hätten, aber keiner von ihnen danach
einen Job gefunden habe. »Ein 17-jähriger testosteronge-
ladener junger Mann, der alle Klischees erfüllt: Muslim,
Ausländer, wohnt in einem bestimmten Stadtviertel, fühlt
sich wegen seiner Herkunft und wegen der sozialen Realitäten diskriminiert, ist völlig orientierungs- und haltlos
und reagiert dann mit Gewalt.«

Alle fünf waren vorbestraft, zum Teil mehrfach: wegen
schwerer Körperverletzung, Diebstahl und Drogenbe-
sitz. Irgendwann, so Kaddor, sei dann ein netter Salafist dahergekommen, der vielleicht eine ähnliche Vorge-
schichte hat wie sie, der ihre Ohnmacht und Hilflosigkeit kennt und ihnen eine »vernünftige Beschäftigung für
den Nachmittag« anbietet. Während unsere Gesellschaft
solchen jungen Männern das Gefühl vermittelt, sie seien
nutzlos und sogar eine Last, sagt er ihnen, dass sie wert-
voll seien, dass der Islam sie brauche und dass sie die Welt
verändern könnten. Das steigert ihr Selbstwertgefühl
und gibt ihrem Leben einen Sinn.

Salafisten und andere Fundamentalisten stoßen in
Deutschland und anderen Ländern Europas hier in eine

Lücke. Oft genug sind sie die Ersten, die an das Potenzial
dieser Jugendlichen glauben und ihnen eine Handlungs-
perspektive bieten. In unserer sich rasant wandelnden
Welt kann der Staat sich nicht um jeden kümmern. Da
werden viele zurückgelassen, fallen durch das Netz und
bleiben ratlos ohne wirtschaftliche Perspektive und ohne
emotionale und moralische Orientierung zurück. Salafisten und Islamisten geben diesen jungen Menschen zunächst eine Struktur. Fünfmal täglich mit der Gruppe
beten, gemeinsam Texte berühmter Salafisten aus Ägypten und Saudi-Arabien studieren oder Videos von Pop-
Salafisten aus Deutschland wie Pierre Vogel ansehen.
Eine Mischung, die ankommt: Der elitäre Koranunter-
richt trifft auf moderne Medien und nutzt auch die zum
Teil vulgäre Jugendsprache. Dazu später mehr.
Junge Leute wie die fünf Schüler von Lamya bewundern
den Salafisten. Er ist einer von ihnen, und er ist angesehen in seiner Gemeinde. Er hat geschafft, was sie auch
schaffen wollen: Er hat sich durch seine Religiosität in
doppelter Sicht rehabilitiert. Denn durch seine Hinwen-
dung zum Glauben hat er sich von seinen früheren Sünden reingewaschen und sich gleichzeitig sozial etabliert.
Er ist nicht mehr kriminell, hat eine Aufgabe, er hat es
geschafft. »Und genau diese schnelle religiöse und soziale
Dusche wollen diese Jungs auch«, meint Lamya Kaddor.

Eine der wichtigsten Stimmen des Salafismus weltweit ist
der Ägypter Scheich Abu-Ishaq Al-Huwayni, der als
Mentor von Pierre Vogel gilt. Er war mehrfach in
Deutschland, um aufstrebende salafistische Prediger auszubilden. Den deutschen Behörden gilt Al-Huwayni
als moderat. Die Gruppe um Pierre Vogel wird zwar als

radikal eingestuft, doch man unterscheidet hier klar zwischen Salafisten und Dschihadisten. Salafisten gelten angeblich als nicht gewaltbereit, denn sie oder zumindest Pierre Vogel und seine Gemeinde betonen immer wieder, sie seien gegen Terrorismus. Die Frage ist nur: Wo fängt Gewalt eigentlich an?

Lamya Kaddor ist eine der Gallionsfiguren des liberalen Islam in Deutschland. Sie gründete den Liberal-Islamischen Bund, um ein klares Zeichen gegen radikale Strömungen des Islam zu setzen. Es muss eine bittere Niederlage für sie gewesen sein, als sie erfuhr, dass sie fünf ihrer früheren Schüler an die Salafisten verloren hat. Lamya lehnt die Unterteilung der Menschen in Gläubige und Ungläubige ab. Sie steht an der Seite von Reformtheologen wie Mouhanad Khorchide, Professor für islamische Theologie an der Universität Münster, der einen permanenten Kampf gegen Islamverbände führt, um eine zeitgemäße islamische Theologie zu etablieren. Khorchide will keinen strafenden, sondern einen barmherzigen Gott im Islamunterricht sehen. Es mag wie Wunschdenken klingen, aber Mouhanad Khorchide ist ein aufrichtiger junger Mann, der an wirklichen Reformen interessiert ist. Islamverbände haben gefordert, ihm die Lehrerlaubnis für islamische Theologie in Deutschland zu entziehen. Denn Khorchide bildet Lehrer aus, die den Islamunterricht in den kommenden Jahren in Deutschland prägen werden. Er leitet auch junge Geistliche an, die künftig in den Moscheegemeinden in Deutschland predigen werden. Khorchide sucht die Annäherung an andere Religionen. Er ist überzeugt davon, dass auch Juden und Christen und Angehörige anderer Religionen die Barmherzigkeit Gottes erfahren können, wenn sie in

ihrem Leben Gutes tun. Er findet dafür sogar Anhalts-
punkte im Koran. Je nachdem, wie man die Texte in-
terpretiere, könne man darin Wegweiser für ein gutes
Zusammenleben finden.

Lamya Kaddor unterstützt Khorchides Haltung. Pierre
Vogel reagierte prompt und verkündete in einer Twitter-
botschaft: »Wer behauptet, Juden und Christen sind
nicht *kuffar* (Ungläubige), ist selber *kafir* (ungläubig)!«

Am Anfang ist das Wort

Einige Salafisten behaupten, der Begriff *kafir* sei harmlos,
denn er bedeute nur, dass jemand nicht an das Gleiche
glaubt wie ein anderer. So gesehen seien auch Muslime
aus der Sicht der Christen und Juden *kuffar,* weil sie nicht
an die Kreuzigung Jesu oder die jüdischen Gesetze glaubten. Also alles nicht so schlimm?

Wenn man hört, was der Lehrer und Mentor von Pierre
Vogel über die *kuffar* sagt, begreift man erst, wie gefährlich diese Bezeichnung ist: Der einflussreiche ägyptische
Prediger Abu Ishaq Al-Huwayni meint, »ein *kafir* ist
schlimmer als ein Tier«. Auch er beruft sich auf den Koran. »Und was macht man mit einem Tier?«, fragt er.
»Man reitet darauf, man führt es zum Markt und verkauft
es, man schlachtet und verzehrt es!«

Wer das Wort *kafir* im Mund führt, betritt die erste Stufe
zur Gewalt. Wer Andersgläubige und Andersdenkende
zu Tieren macht, ebnet den Weg für Terror und Mord.
Das Internet ist voll mit Enthauptungsvideos, Filmen,
die zeigen, wie Islamisten ihren Opfern die Kehle durch-

schneiden und dabei *allahu akbar,* Gott ist groß, rufen. Genau das rufen muslimische Schächter auch, wenn sie ein Tier nach islamischem Ritus töten.

Prediger wie Pierre Vogel mögen nicht direkt zu Gewalt aufrufen, aber ihr Menschen- und Gesellschaftsbild legitimiert Gewalt und schafft die geistige Infrastruktur für den Terrorismus. Aus meiner Sicht gehören deshalb salafistische Vereine in Europa – genau wie rechtsextreme Vereinigungen – ohne Wenn und Aber verboten.

Denn Gewalt beginnt nun einmal mit dem Wort, das zeigt auch die Geschichte des Faschismus. Und was ist faschistoider, als einen Menschen als Tier zu bezeichnen, das man schlachten darf?

Das übliche Argument, dass ein Verbot solche Gruppierungen eher glorifiziere, ist meines Erachtens nicht haltbar. Viele junge Muslime finden den Weg zu diesen Salafisten, gerade weil dieser Weg offen und legal ist. Wären diese Vereine verboten, wüsste jeder, der ihre Nähe sucht, dass er sich damit strafbar macht. Vorbestrafte wie die fünf Schüler wollen sich in der Regel rehabilitieren, wenn sie sich den Salafisten anschließen, nicht aber eine zweite kriminelle Karriere starten. Sie werden sich überlegen, ob sie an diese Tür klopfen. Wenn sie die Schwelle erst einmal überschritten haben und tief in die salafistischen Strukturen hineingeraten sind, ist es ihnen egal, ob die Gesellschaft Salafisten mag oder nicht. Wenn sie noch an der Tür stehen, mag es für einige durchaus eine Rolle spielen, ob Salafisten legal oder illegal arbeiten. Das mag nicht für alle gelten, aber jeder Einzelne, den ein Verbot schrecken würde, zählt.

Scheich Abu Ishaq Al-Huwayni präsentiert seinen Jüngern auch gerne kreative Lösungen für die stagnierende Wirtschaft in der islamischen Welt. Man solle wieder Eroberungskriege gegen die Ungläubigen führen, deren Vermögen beschlagnahmen, Frauen und Kinder gefangen nehmen und als Sklaven verkaufen. Die islamische Welt sei arm und schwach geworden, seitdem sie den Dschihad nicht mehr konsequent praktiziere, so der vermeintlich »moderate« Salafist. Wenn man die Ungläubigen ein- oder zweimal pro Jahr überfalle, dann werde die Armut endgültig aus den muslimischen Staaten verschwinden.

Videos, auf denen Al-Huwayni und andere Prediger solche Botschaften verkünden, gehören zum Lehrmaterial für neu rekrutierte Salafisten. Ebenfalls zum Programm gehören brutale Filmaufnahmen von Muslimen, die im Kampf – etwa in Syrien – gefallen sind. Selbst im Tod scheinen sie zu lächeln. »Junge Menschen, die von der politischen Lage in der Region keine Ahnung haben, glauben nach so einem Film, hier würden Muslime unterdrückt und dagegen müsse man ankämpfen. Es ist das ewig gleiche Bild, das hier beschworen wird: Der Muslim ist immer unterdrückt, egal wo er sich befindet. Und der Kampf ist das probate Mittel«, meint Lamya Kaddor.

Die fatale Mischung aus Opferhaltung und Rachegelüsten ist zum wichtigsten Motor für den Islamismus geworden. Die klassischen Konflikte in der Region zwischen Israelis und Arabern, der ewige Konflikt zwischen dem Westen und der islamischen Welt, die Brandherde in Bosnien, Tschetschenien oder jüngst Syrien – es gibt viele Beispiele, die zu belegen scheinen, dass die Muslime unterdrückt werden. Allerdings hat die Radikalisierung im

Laufe der Zeit eine neue Dimension und vor allem breitere Schichten erreicht.

Die drei Formen der Radikalisierung

In einer Studie, die ich 2006 über die Radikalisierung von jungen Muslimen in Deutschland veröffentlicht habe, unterscheide ich zwischen drei Formen dieser Radikalisierung:

Da gibt es zunächst den *archaischen Konservatismus,* eine Tendenz, die häufig bei Migrantengruppen vorkommt, die aus ländlichen, patriarchalisch geprägten Regionen stammen, in denen der Bildungsstand niedrig ist und archaische Stammesgesetze angewendet werden. Diese Form des Konservatismus beruht nicht notwendigerweise auf religiösen Überzeugungen. Wohl aber wird die Religion häufig instrumentalisiert, um Ansichten und Handlungen zu rechtfertigen. Die Gewalt, die in dieser Atmosphäre entsteht, ist für gewöhnlich nicht gegen das Gastland gerichtet. Vielmehr geraten die »Abtrünnigen« dieser Diaspora-Gemeinschaft ins Visier. Sie werden Opfer vor allem familiärer Gewalt, weil sie angeblich den Ruf, die Integrität und Stabilität der Familie gefährden. Vor allem Frauen sind davon betroffen. Auswüchse dieser Form der Radikalisierung sind Ehrenmord und Zwangsheirat. Charakteristisch für diese Milieus sind Forderungen nach bedingungsloser Solidarität und strenge soziale und/oder moralische Kontrolle.

Junge Menschen, die in schwachen sozialen Strukturen aufwachsen, sind besonders anfällig für eine Form der

Radikalisierung, die ich als *Eskapismus* bezeichnen möchte. Hier ist weder die eigene Familie noch die Gastgesellschaft in der Lage, ein adäquates Lebensmodell anzubieten. Frustration, Ausgrenzung und mangelnde berufliche Perspektiven sind Gründe dafür, dass sich vor allem junge Männer zu Banden zusammenrotten und auf kurz oder lang kriminell oder gewalttätig werden. Die Gruppe gibt Halt, man ist jemand. Ob in Berlin-Neukölln, im Stadtviertel Nørrebro in Kopenhagen oder im schwedischen Malmö, ob in Brüssel, in Birmingham oder in der Banlieue von Paris – überall trifft man auf dieses Phänomen. Auch hier muss nicht unbedingt die Religion entscheidend sein, Hauptmotor ist oft die soziale Lage. Doch die Religion kann zu einem Faktor werden, wenn etwa Revierkämpfe ausgefochten werden. Wenn zum Beispiel türkische und marokkanische Jugendliche nicht mehr gegeneinander kämpfen, sondern sich gegen Russen oder Deutsche verbünden.

Darüber hinaus gibt es den *religiösen Avantgardismus.* Die Avantgardisten halten generell Abstand zu traditionellen islamischen Vereinen und sehen sich als Vorreiter einer politisch-religiösen Revolution. Gerade diese Form scheint für arabische Studenten und deutsche Konvertiten besonders attraktiv zu sein. Haben sie sich erst einmal von ihrem familiären Milieu entfernt (biographische Wende), isolieren sie sich und werden so zu einer leichten Beute für radikale Gruppen. Wobei ich hier klar unterscheiden möchte zwischen dem Hang zu einer Islamisierung und den islamistischen Mobilmachungsaufrufen für den internationalen Dschihad.

Unter den islamistischen Avantgardisten gab es früher zwei Gruppen, die kaum Kontakt zueinander hatten:

Salafisten und Dschihadisten. Beide verstanden sich als
elitär und rekrutierten junge Muslime vor allem aus der
Mittelschicht, die als geistig gefestigt galten und über ein
gutes Bildungsniveau verfügten. Salafisten waren früher
apolitisch und zielten darauf ab, die muslimische Gesellschaft nicht durch politische Aktionen, sondern durch
moralische Predigten zu verändern. »Die Politik ist
schmutzig, haltet euch davon fern«, war ein salafistischer
Grundsatz. Anders als die Dschihadisten grenzten sich
Salafisten auch deutlicher von Gewalt ab.

Diese Trennung zwischen Salafisten und Dschihadisten
gilt heute nicht mehr. Denn der eigentlich regionale schi-
itisch-sunnitische Kampf zwischen dem salafistisch geprägten Saudi-Arabien und dem Mullah-Regime in Iran
weitet sich aus. Beide Regionalmächte sind an mehreren
Konflikten in Nahost aktiv beteiligt. Vor allem in Syrien
ist ein Stellvertreterkrieg entbrannt zwischen den Angehörigen der beiden Konfessionen. Iran unterstützt das
Assad-Regime, Saudi-Arabien die islamistischen Rebel-
len. Salafisten aus islamischen Staaten, aber auch aus dem
Westen, die früher kaum ein Wort über den Nahostkonflikt verloren haben, werden heute von Saudi-Arabien
ermutigt, Kämpfer nach Syrien zu schicken, um den
Iran in Schach zu halten. Schiitische Minderheiten, die in
sunnitischen Staaten jahrhundertelang in Frieden leben
konnten, werden nun von Salafisten angegriffen. So geschehen im Jemen, in Pakistan und Ägypten.

Früher musste ein Salafist eine langjährige religiöse Ausbildung durchlaufen, bevor er in religiösen Kreisen anerkannt wurde. Er war gut ausgebildet, hatte einen angesehenen Beruf und sprach in der Regel Hocharabisch.
Heute unterläuft der Salafismus sein früheres Niveau

deutlich, der elitäre Zirkel öffnet sich, um von der Frustration der jungen Muslime in der islamischen Welt und im Westen zu profitieren. Arbeitslose, Kriminelle, Konvertiten – die Tür zum Salafismus steht inzwischen allen offen. Ein Crashkurs zum Islam ersetzt die einstmals fundierte Ausbildung. Vorbei auch die Zeiten der gewählten Ausdrucksweise; die Sprache der Straße bis hin zu Vulgarismen soll bei der Rekrutierung neuer Aspiranten verwendet werden, um die Hemmungen junger Menschen gegenüber den Salafisten abzubauen. Wer den Schnellkurs durchlaufen hat, kann binnen Wochen zum Gotteskrieger werden. Die Grenzen zwischen Eskapismus und Avantgarde sind durchlässig geworden. Diese Mischung ist auch für einige junge deutsche Konvertiten attraktiv. Früher gelangten Deutsche eher über die mystische Schiene zum Islam. Der Sufismus war besonders faszinierend, er schien Zuflucht zu bieten vor dem zunehmenden Materialismus und der Sinnentleertheit der westlichen Gesellschaften. Heute ist der Salafismus deutlich erfolgreicher. Auch weil er sich als Protestbewegung stilisiert. Als junger Deutscher wurde man noch vor ein paar Jahren Punk, schloss sich linken oder auch rechten Gruppen an, um seinen Unmut gegen die Gesellschaft und das politische System zum Ausdruck zu bringen. Heute erscheint der Salafismus auch vielen jungen Deutschen besser geeignet, seine Wut und Ablehnung gegenüber der Außenwelt zu zeigen. Man verändert sein Erscheinungsbild, trägt eine weiße Tracht und einen langen Bart, und signalisiert der Gesellschaft so: Ich bin anders als ihr, nehmt mich wahr, habt Angst vor mir, ich bin kein Opfer, ich bin mächtig!

Blickt man nach Großbritannien, Holland, Belgien, Dänemark oder Frankreich, sieht man genau die gleiche Entwicklung: Junge Muslime, die sich mehr und mehr von der (Gast-)Gesellschaft abkapseln und in einer eigenen Welt leben. Britische Salafisten wie Anjem Choudary werben öffentlich für den Dschihad und rufen zur Zerstörung westlicher Demokratien und zur Errichtung eines islamischen Staates in Europa auf. Islamische Scharia-Gerichte betreiben Paralleljustiz mitten in London. Die Kirche in Großbritannien duldet diese Justizapartheid und hält sie für einen Beitrag zu Toleranz und gelungenem Zusammenleben. Dies tut die Kirche nicht aus Liebe zu Muslimen, sondern deshalb, weil die christlichen Institutionen dadurch ihren Einfluss auf Bildung und Justiz beibehalten und sogar ausbauen können.

In Deutschland sorgen sogenannte Friedensrichter dafür, dass innerislamische Konflikte es gar nicht erst vor ein deutsches Gericht schaffen. Was als Erleichterung angepriesen wird, ist in Wirklichkeit die Implementierung archaischer und strengreligiöser Richtlinien an unserem Rechtsstaat vorbei. Frauenrechte, wie sie in westlichen Demokratien verankert sind, werden bei solchen Schlichtungen nicht berücksichtigt, denn dort gelten entweder die Scharia oder Stammesgesetze, die extrem patriarchalisch sind.

Im Namen der Toleranz werden mitten in Europa Zustände geduldet, die die Radikalisierung fördern, die Gesellschaft spalten und die Entstehung von Parallelgesellschaften begünstigen. Dies hat fatale Konsequenzen nicht nur für muslimische Frauen und Gemäßigte, sondern für das Zusammenleben aller und für die Sicherheit des Landes. Oft reagieren Kommunen oder Regierungen erst dann, wenn es viel zu spät ist. Wenn man die

Radikalen längst nicht mehr erreichen kann, wenn ganze Stadtteile wie etwa in London von Extremisten dominiert werden, die nur die Gesetze des Islam gelten lassen. Oder wenn irgendwo eine Bombe hochgegangen ist oder Unschuldige auf offener Straße ermordet werden. Wer zulässt, dass salafistische Prediger öffentlich ihre antidemokratischen und antimenschlichen Hasspredigten vortragen, darf sich später nicht wundern, dass diese Botschaften früher oder später in Gewalt münden. Der Zündstoff dafür wird in die Köpfe und Herzen junger Muslime gepflanzt, lange bevor tatsächlich ein Zug, ein Weihnachtsmarkt oder eine Synagoge in die Luft gejagt wird.

Wer kann die Radikalisierung aufhalten?

Die Mehrheit der in Europa lebenden Muslime ist apolitisch und will das Beste für ihre Kinder. Sie pauschal als potenzielle Terroristen anzusehen wäre falsch und ebenfalls eine Gefahr für den Frieden. Eine generelle Verdächtigung oder offene Abneigung kann ebenfalls leicht in Gewalt münden. Aber genau diese schweigende Mehrheit ist nun gefragt. Sie hat es in der Hand, den Extremisten etwas entgegenzusetzen. Doch sie lässt sich kaum mobilisieren, um den Einfluss von Salafisten und konservativen Islamverbänden einzudämmen. Sie lässt Reformer wie Mouhanad Khorchide und Lamya Kaddor alleine kämpfen. Diese Mehrheit schaut einfach nur zu, bis diese Einzelkämpfer entkräftet aufgeben. Wenn das geschehen ist, wird eine Mehrheit der Deutschen behaup-

ten, es gäbe keinen Reformislam, sondern nur »Vogelis-
ten« und Dschihadisten. Was die apolitischen Muslime
wiederum als Rassismus und Diskriminierung deuten
werden. Ein Teufelskreis.

Ich verstehe, dass ein »normaler« Muslim nicht ständig
auf seine Religion, vor allem nicht auf die unangenehmen
Seiten dieser Religion angesprochen werden will. Ich
verstehe, dass ein muslimischer Student in Köln sich
nicht entschuldigen will für die Taten eines Terroristen
aus Afghanistan oder für die Steinigung einer Frau im
Iran. Aber wenn eine große Zahl dieser normalen Muslime auf die Straße geht, um gegen die Mohamed-Karika-
turen oder einen antiislamischen Film zu protestieren,
dann erwarte ich, dass mindestens genauso viele normale
Muslime gegen den zunehmenden Einfluss der Islamverbände und Salafisten auf die Straße gehen. Denn es
geht schließlich nicht nur um das Image des Islam, sondern auch um die Zukunft ihrer eigenen Kinder in dieser
Gesellschaft.

Gleichzeitig ist der Staat gefragt. Er darf den Islamverbänden nicht zu viel Macht einräumen, denn Menschen,
die sich im Namen der Religion organisieren und eine
Lobby bilden, wollen oft ein religiös-konservatives Gesellschaftsbild einfrieren und – von oben legitimiert –
mehr Macht und Einfluss über die Angehörigen ihrer
Religion erlangen.

Liberale Muslime organisieren sich seltener in großen
Vereinen als konservative, weil sie sich als Individuen sehen. Und sie streben nicht in dem Maße nach Macht und
politischem Einfluss. Genau das nutzen die Verbände aus;
weil niemand den Mund aufmacht und dagegen aufbe-
gehrt oder sich organisiert, können sie sich als Vertreter

aller Muslime ausgeben. Themen wie Islamunterricht, die Befreiung muslimischer Schülerinnen vom Schwimmunterricht, das Tragen des Kopftuchs bei Lehrerinnen und Staatsbediensteten – all das sind Themen, die von konservativen Islamverbänden initiiert wurden. Der Staat hat das Erstarken dieser Vereinigungen hingenommen, weil er, vor allem nach dem 11. September dringend muslimische Gesprächspartner brauchte. Der Dialog an sich ist wichtig und richtig. Doch wo man sich früher in kleinen Moscheen mit Gesellschaftsräumen eingefunden hat und ethnisch gesehen unter sich blieb, wurden die Muslime nun ermutigt, sich zu institutionalisieren. Wo früher Türken unter sich blieben, Iraner nichts mit Marokkanern zu tun hatten und so weiter, formten sich nun Organisationen, die vermeintlich für alle sprechen.

Gerade in Deutschland ist diese Institutionalisierung höchst problematisch. Denn die Islamverbände wollen – wie die christlichen Kirchen und die jüdische Gemeinde – Körperschaft des öffentlichen Rechts werden. Sie berufen sich auf das sogenannte Staatskirchenrecht, eine Vereinbarung, die wie kaum eine in den vergangenen Jahrhunderten von historischen Entwicklungen beeinflusst wurde. Nach der Säkularisierung etwa wurden die Kirchen für ihre Gebietsverluste vom Staat entschädigt; er verpflichtete sich, für sie Steuern einzutreiben und ihnen im Gegenzug Aufgaben in der Bildung oder im Gesundheitswesen zu übertragen.

Seit der Trennung von Staat und Kirche ist der Staat zu »weltanschaulicher Neutralität« verpflichtet. Da die Verfassung die Religionspflege zwar nicht als staatliche, aber doch als öffentliche Aufgabe betrachtet, fördert der Staat Religions- und Weltanschauungsgemeinschaften.

Die Gesellschaften im 21. Jahrhundert werden immer
heterogener und multikultureller. Die Zuwanderer sind
in erster Linie Menschen, die menschliche Bedürfnisse
haben: Bildung, Arbeit, Menschenrechte. Sie sind Individuen, die individuelle Rechte brauchen, bevor sie Rechte
als Gruppe erlangen. Man tut den Muslimen meines
Erachtens keinen Gefallen, wenn man die Islamverbände
politisch aufwertet und den Islam auf die gleiche Institu-
tionalisierungsstufe wie die christlichen Kirchen stellt.
Dadurch bekämpft man nicht die latent vorhandene anti-
muslimische Stimmung, sondern steigert die Ressentiments gegen Muslime. Die Lösung kann aus meiner Sicht
nicht heißen, dass die muslimischen Organisationen die
gleichen Privilegien genießen wie die Kirchen, sondern
dass die Kirchen vielleicht auf einige liebgewordene Privilegien verzichten und einige Aufgaben wieder an den
Staat übertragen. Das Staatskirchenrecht mag in der Vergangenheit seine Berechtigung gehabt haben, den An-
forderungen des 21. Jahrhunderts hält es aber meines Erachtens nicht stand. Der Staat soll für eine neutrale Wis-
sensvermittlung sorgen. Er kann Kindern Instrumente
des freien, kritischen Denkens mitgeben, aber er sollte
ihnen keine vorgefertigten religiösen Wahrheiten präsentieren. Nicht im evangelischen, nicht im katholischen,
nicht im islamischen Religionsunterricht. Religionskun-
de an sich halte ich für sinnvoll. Dort können die Schüler
Informationen über die Entstehung der unterschiedlichen Religionen bekommen, über die verschiedenen
Lehren und die historische Entwicklung der religiösen
Gemeinschaften. Aber nicht mehr und nicht weniger.
Wer von Muslimen verlangt, ihre Tradition zu hinterfragen – und das tue ich –, muss auch vom deutschen Staat

verlangen, seine Bildungstradition und seine Beziehung
zu den christlichen Gemeinschaften zu hinterfragen.
Eine Überbetonung von Religion, egal welcher Aus-
prägung, vergiftet die Stimmung und macht eine offene
Debatte sehr schwer.

Statt den Islamverbänden mehr Privilegien zu geben,
sollte man jungen Muslimen als Individuen größere
Chancen einräumen, in unserer Gesellschaft zu reüssie-
ren. Viele Türken haben die Erfahrung gemacht, dass ihr
Name allein ausreicht, nicht zu einem Vorstellungsge-
spräch eingeladen zu werden – oder dass der Personaler
seine Verwunderung darüber ausdrückt, wie gut der
Bewerber Deutsch könne. Solche Mauern, nicht nur in
den Köpfen, müssen eingerissen werden. Damit ließe
sich sehr viel mehr erreichen als mit jeder Islam-Kon-
ferenz.

Wir alle brauchen mehr Zeit. Muslime müssen lernen,
anders mit Kritik gegen ihre Religion umzugehen, Deutsche müssen lernen, dass auch ein schwarzhaariger Muslim ein Deutscher sein kann. Zeit allein ist natürlich kein
Garant für Veränderung, denn wir leben nicht auf einer
Insel der Glückseligkeit. Probleme in der islamischen
Welt schwappen auch nach Deutschland herüber, sie
beinflussen das Zusammenleben und begünstigen Ressentiments.

Ich habe lange die Hoffnung gehegt, dass junge Muslime,
die hier in Wohlstand und Freiheit aufgewachsen sind
und in den Genuss einer modernen, umfassenden Bildung kamen, den Fortschritt und den Gedanken der
Freiheit in die islamische Welt tragen werden. Doch die
ideologischen und strukturellen Probleme der muslimischen Communities im Westen und die Geisteshaltung

vieler Europäer gegenüber »den Muslimen« führte eher zum Gegenteil. In Deutschland stellt man gerade unter den Enkeln der ersten Gastarbeitergeneration eine Rückentwicklung fest. Traditionelle Lebensformen werden propagiert, Haltungen und Einstellungen, die selbst in Istanbul und Casablanca nicht mehr gelten. Während in den islamischen Ländern der Widerstand gegen den islamischen Faschismus wächst, der in Ägypten mit dem Sturz der Muslimbruderschaft gekrönt wurde, findet das rückgewandte, faschistoide Denken der Salafisten immer mehr Anhänger im Westen. Hier ist der Virus besonders aktiv – und er mutiert schneller, als man denkt.

Ein mutiger langer Kampf auf beiden Seiten ist nötig, um langfristig Erfolge zu erzielen. Trägheit, Gleichgültigkeit und Schweigen sind genauso schlimm und gefährlich für Europa wie der islamische Fundamentalismus an sich. Aktionismus und Lippenbekenntnisse führen zu nichts. Eine Debatte über den Islam darf weder Ängste schüren noch alle Muslime unter Generalverdacht stellen. Sie sollte vielmehr übergehen in eine Debatte über den Einfluss von Religion im Allgemeinen. Wenn wieder ausgegrenzt und Mauern errichtet werden, macht sie keinen Sinn. Ganz grundsätzlich sollte eine solche Debatte uns ermutigen, mehr Säkularismus in Deutschland zu wagen!

Kapitel 11

Identitätshygiene und Polarisierung – Sarrazin und Erdogan als Sinnstifter

Vier Jahre nach dem Erscheinen des Sarrazin-Buches »Deutschland schafft sich ab« frage ich mich, ob wir in der Islam- und Integrationsdebatte irgendetwas anderes wahrgenommen haben als Ängste, Empörung und Beleidigung. Ich gehörte damals zu denjenigen, die Thilo Sarrazin dankbar waren, weil er auf die Missstände in der Bildungs- und Integrationspolitik aufmerksam machte. Ich wünschte mir, dass sich nach der Veröffentlichung des Buches eine ehrliche Diskussion über diese Themen entspinnen würde. Auch wenn ich Sarrazins provokante Thesen etwa über die Vererbung von Intelligenz problematisch fand, hegte ich doch die Hoffnung, dass die Provokation irgendwann zu Entspannung und Einsicht führen könnte. Aber die Provokation ist eine Provokation geblieben. Zu nichts hat die Debatte geführt, außer zu mehr gegenseitiger Abneigung und zu stärkerer Polarisierung.

Sarrazin habe einen Nerv getroffen und eine öffentliche Debatte über ein Tabuthema möglich gemacht, sagen die einen. Nein, Sarrazin habe keinen Nerv getroffen, er sei uns nur auf die Nerven gegangen und habe das Zusammenleben erschwert, meinen die anderen. Was für ein Supermann ist dieser ehemalige Finanzsenator eigentlich? Warum dominierte er das Thema Integration so lange quasi im Alleingang, obwohl er nur einige Missstände aufgelistet, aber keine Lösungsansätze angeboten hatte?

Die Emotionen und der Wirbel, den Sarrazin ausgelöst hat, sind meiner Meinung nach nicht durch seine teils berechtigte Kritik am bestehenden System entstanden. Sondern durch das subjektive Gefühl vieler Menschen, permanent ungerecht behandelt und über den Tisch gezogen zu werden. Dieses Gefühl einte interessanterweise die beiden Hauptkontrahenten in der Islamdebatte: Muslime und Islamkritiker. Die »Endlich sagt es mal einer«-Fraktion hielt unreflektiert zu Sarrazin und seinen Thesen, die kaum jemand genau wiedergeben konnte. Auf die teils harsche Kritik an seinen Thesen reagierten sie reflexartig: Die Medien seien doch alle gleichgeschaltet und versuchten, das Image des Islam aufzupolieren und die Wahrheit über das Gewaltpotenzial dieser Religion zu verschleiern. Sie behaupteten, man dürfe in Deutschland den Islam nicht kritisieren, und einer, der das täte wie Sarrazin, solle gleich mundtot gemacht werden.

Auf der anderen Seite schien die »Wir fühlen uns nicht willkommen«-Fraktion geradezu sehnsüchtig auf die Botschaften des pensionierten Bankers gewartet zu haben, um die eigene Dauerempörung auf Temperatur zu halten. Auch diese Fraktion war der Meinung, die Medien würden Islam-Bashing betreiben und Unwahrheiten über den Islam veröffentlichen. Das Aufbauschen und die künstliche Verlängerung der Sarrazin-Debatte sei ein Beleg dafür, dass wir entweder kein Integrationsproblem hätten – oder aber keine Lösung dafür.

Ja, Sarrazin hat zwei Nerven getroffen: Das Beleidigungspotenzial vieler Muslime, die sich leicht in die Opferecke ziehen lassen. Sie brauchen eine Hassfigur, auf die sie all ihre Enttäuschungen projizieren können, das hat Tradition. Mal war es der Politikwissenschaftler Bassam Tibi, mal die Soziologin Necla Kelek, und nun war es mit Sarrazin endlich ein Deutsch-Deutscher, der den Beleg dafür lieferte, dass man die Muslime aus Deutschland vertreiben will.

Der andere Nerv, den Sarrazin traf, war die Unsicherheit vieler Deutscher in Bezug auf ihre eigene Identität und die Zukunft. Vor allem bei der Generation sechzig plus kamen seine Thesen gut an. Diese Generation hat sich in der Vergangenheit kaum an solchen Debatten beteiligt und kümmerte sich eher um Pläne für das Leben in der Rente. Heute sind Menschen über sechzig oft gesundheitlich und geistig fit, sie verbringen mehrere Stunden im Internet, sind bestens informiert und wollen sich in die politische und gesellschaftliche Debatte einmischen. In unserer auf Jugendlichkeit und Leistung getrimmten Gesellschaft gibt es für sie jedoch wenig Gestaltungsmöglichkeiten. Ein bisschen Ehrenamt, ein bisschen Urlaub, Punkt. Während sich alles um sie herum in rasender Geschwindigkeit verändert, herrscht hier schnell Stagnation. Man war doch mal wer, man hat es doch zu etwas gebracht. Man sieht fremde Gesichter um sich herum und hört fremde Sprachen, alles ist plötzlich Multikulti, man bekommt Angst, dass das, was einem vertraut ist, das, was die eigene Geschichte und Identität ausmacht, irgendwann verschwindet. Nicht um Veränderung geht es, sondern um Bewahren. Eine Verhinderungspolitik, die vom Volk beziehungsweise Teilen des Volkes ausgeht. Auch bei den Demonstrationen gegen Stuttgart 21 war der Altersschnitt sehr hoch. Und dann hört man ja auch ständig Nachrichten über Terroranschläge oder Bürgerkriege in der islamischen Welt. Und dann wollen die hier auch noch riesige Moscheen errichten …

Ich spitze zu, ich weiß. Aber Sarrazins Buch hat geschickt
genau an diese Angst und diese Verhinderungsenergie
appelliert.

Sarrazins Erfolg unter den Deutsch-Deutschen kann
auch mit dem Erfolg der religiös-nationalistischen Thesen des türkischen Premierministers Erdogan unter den
Deutsch-Türken verglichen werden. Viele Islamwissenschaftler hielten Erdogan nach seinem Amtsantritt vor
zehn Jahren für einen moderaten Islamisten. Ich konnte
diesen Begriff nie akzeptieren, denn Islamismus und moderat schließen sich meines Erachtens aus. Ein Islamist
strebt nach Macht, grenzt alle Andersdenkenden aus und
glaubt an eine hermetisch geschlossene Identität, die allen
anderen Identitäten überlegen ist. Man hoffte, dass die
politischen und wirtschaftlichen Realitäten Erdogan zu
Pragmatismus zwingen würden. Aber ein Islamist gibt
sich nur so lange moderat und versöhnlich, solange er die
Macht nicht hat. Kaum hat er die Zügel fest in der Hand,
fällt die Maske.

Erdogan versucht nicht nur, die Politik und Wirtschaft
des Landes zu bestimmen (das wäre seine eigentliche
Aufgabe), sondern er will die Gesellschaft umerziehen.
Er baut neue Städte und will die sozialen und moralischen Verhältnisse in diesen Städten kontrollieren. Er
will bestimmen, wer wo wohnt und wer wen küsst. Er
geht brutal gegen Demonstranten vor, bezeichnet sie als
Ungläubige und Banditen. Er lässt Journalisten verhaften, die seine Pläne und seinen Führungsstil kritisieren.
Nirgendwo auf der Welt sitzen so viele Journalisten im
Gefängnis wie in der Türkei. 76 an der Zahl. Das sind
mehr als im Iran, in Nordkorea oder Russland! Tausende
Aktivisten und Intellektuelle sind ebenfalls in Haft. Man-

chen von ihnen wird vorgeworfen, Mitglied einer Terror-
organisation zu sein, obwohl sie nur einen Erdogan-kri-
tischen Artikel geschrieben oder gegen ihn demonstriert
haben.

Auch über die Landesgrenzen hinaus versucht Erdogan, Einfluss auf Auslandstürken zu nehmen. Der to-
sende Applaus, den Sarrazin Ende September 2010 im
Münchner Literaturhaus erntete, entstammt der gleichen
Quelle wie der Jubel, mit dem Erdogan Ende Februar
2008 in der Köln-Arena gefeiert wurde. Wie ein Heils-
bringer, ein Identitätsstifter wurde der türkische Regierungschef empfangen. Vor allem die Generation achtzehn
plus ist von Erdogan begeistert und nimmt seine beleh-
renden Empfehlungen dankend an. Die meisten dieser
jungen Menschen sind in Deutschland geboren, haben
deutsche Schulen besucht und sehen Deutschland als
Lebensmittelpunkt – und fühlen sich zum Teil dennoch
fremd hier. Sie regen sich über das Image-Problem des
Islam und über die Haltung vieler Deutscher zu Tür-
kischstämmigen auf. Erdogan ist für sie so etwas wie eine
Rückversicherung. Wenn sie hier schon nicht willkommen sind, ER wird sie mit offenen Armen aufnehmen.

Auch wenn viele der Jubelnden keine Islamisten waren,
sahen sie Erdogan und seine AKP als Hoffnung, dass Islam und Demokratie einander nicht ausschließen. Doch
in ihrer Euphorie übersahen sie die totalitären Züge von
Erdogan und seiner Regierung. Heute ist die Türkei kein
Beispiel mehr für eine gelungene Hochzeit von Islam
und Demokratie, sondern sie ist eine Heimat geworden
für eine Light-Version des islamischen Faschismus! Mit
großem Potenzial für weitere Radikalisierungen.

An den Reaktionen junger Muslime in Deutschland auf

die jüngsten Korruptionsvorwürfe gegen die Erdogan-
Regierung kann man den Unterschied zwischen einem
moderaten und einem Hardcore-Islamisten erkennen.
Der moderate Islamist glaubt, eine westliche Verschwörung stecke dahinter. Der Salafist und der Dschihadist
glaubt, die Schwierigkeiten seien eine Strafe Gottes, weil
Erdogan die Scharia nicht eingeführt hat und in seinem
Staat Alkohol und Prostitution (noch) nicht (gänzlich)
verboten sind.

Sarrazin und Erdogan verkaufen ihren Anhängern eine
Pseudo-Alternative zur aktuellen sozialen Realität. Unser Problem in Deutschland sind aber nicht Sarrazin und
Erdogan als Personen, sondern die dunklen Lücken, die
sie mit ihren Botschaften füllen. Wir haben mindestens
drei Bevölkerungsgruppen in Deutschland – vielleicht
sind es auch mehr –, die sich immer mehr voneinander
abkapseln. Gegen Abkapselung habe ich im Prinzip
nichts, sofern diese dem Motto »leben und leben lassen«
folgt. Genau das ist aber nicht der Fall. Denn diese
systematische Abtrennung wird ideologisch fundiert und
von Ressentiments getragen. Eine kleine Migranten-Sub-
kultur-Unterschicht, die in alten archaischen und religiösen Traditionen verhaftet ist, errichtet eine geistige
Mauer zwischen sich, den eigenen Kindern und der
hiesigen Gesellschaft. Sie verfügt weder über die sprach-
lichen noch über die sozialen Kompetenzen, die ihnen
und ihren Kindern einen Aufstieg ermöglichen könnten.
Auf der anderen Seite haben wir eine kleine bürgerliche
deutsche Oberschicht, die die eigenen Kinder von solchen »Problem-Migranten« verschonen will und sie deshalb auf Schulen schickt, wo es kaum »Ausländer« gibt.
Teile dieser Schicht scheinen auf die Islamisierung am

anderen Ende der Gesellschaft mit einer Re-Christia-
nisierung zu reagieren. Es scheint, als fühlten sie sich den
Herausforderungen der Multikulturalität schlicht nicht
gewachsen und klammerten sich an ein romantisches
Deutschlandbild, das es spätestens seit Ende des 19. Jahrhunderts nicht mehr gibt. Christliche Schulen erleben
regen Zulauf, ebenso Privatschulen, die sich kaum ein
Ausländer leisten kann. Identitätshygiene und elitäre
Abgrenzung.

Gleichzeitig wächst die Zahl der türkischen Privatschulen mit Islam-Schwerpunkt, die vorwiegend die türkische Mittelschicht anziehen. Kinder, die in einem solchermaßen »bereinigten« Umfeld isoliert aufwachsen
und lernen, werden spätestens nach ihrem Schulabschluss
in eine Wirklichkeit zurückkehren, auf die sie nicht vor-
bereitet sind, für die sie kaum soziale oder interkulturelle
Fähigkeiten mitbringen. Im Zeitalter der Globalisierung
ist aber eben dies die Basis für eine funktionierende Gesellschaft und eine funktionierende Wirtschaft.

Die dritte und größte Gruppe in Deutschland wird, so
hoffe ich zumindest, in Zukunft aus Menschen mit und
ohne Migrationshintergrund bestehen, die gelernt haben,
Konflikte nicht nur auszuhalten, sondern auch auszutra-
gen. Und die begriffen haben, dass das Gesellschaftsbild,
das Sarrazin auf der einen und Erdogan auf der anderen
Seite skizzieren, nicht mehr zukunftsfähig ist. Diese dritte Gruppe scheint im Moment keine Lobby zu haben
und verfügt offensichtlich über ein zu geringes Potenzial,
um für die Medien attraktiv zu sein. Aufreger bringen
nun einmal Auflage.

Ich hoffe, dass diese Gruppe weiter wachsen wird und
dazu beiträgt, dass die Stimmung im Land auch ohne

Integrationsgipfel und Dialog-Industrie nachhaltig ent-
giftet wird. Wir brauchen keine Extrempositionen, sondern eine effektive Bildungspolitik und eine wirtschaftliche wie soziale Stabilität im Land, die die Kapazitäten
freisetzt, die wir brauchen, um in Zukunft zu bestehen.
Auch ich habe anfangs gehofft, dass Sarrazins provokante Thesen die Lethargie und das Schweigen dieser dritten
großen Gruppe beenden und die Debatte in eine neue
Richtung lenken würden. Tatsächlich hat sie das Feld den
anderen überlassen. Die Debatte hat bislang zu nichts geführt außer einer weiteren Polarisierung, die die Abgrenzung an beiden Enden verschärft und die multikulturelle
Mitte unter Druck gesetzt hat, wahlweise in der einen
oder anderen Richtung Farbe zu bekennen. Die einen
wie die anderen, die diese Zange bilden, reagieren auf die
politischen, wirtschaftlichen und gesellschaftlichen Um-
brüche unserer Zeit mit Verunsicherung und Angst. Die
Ursache für diese Angst projizieren sie jeweils auf die
andere Seite. Wie immer ist es einfacher, den Schwarzen
Peter weiterzuschieben, als sich an die eigene Nase zu
fassen. Es ist kein Zeichen von besonderer Kreativität,
wenn wir auf die Umwälzungen im Zuge der Globalisierung mit dem ewig alten Muster reagieren: Wir werden weder Trost noch Identitätsstiftendes bei Religionen
oder veralteten Konzepten von Nation finden, die davon
leben, andere auszuschließen. Die Zukunft gehört der
Multikulturalität und der Flexibilität. Wer Identitätshygiene betreibt und hohe Mauern um seine Kultur oder
seine Religion baut, hat längst verloren.

Die letzte Schlacht – »Endsieg« oder Untergang des Islamismus?

Soziologen und Politikwissenschaftler wie Ernest Gellner und Francis Fukuyama sehen den Islamismus als eine Bewegung, die heute eine ähnlich identitätsstiftende Funktion für die islamische Welt hat wie der Nationalismus für Europa Ende des 19. / Anfang des 20. Jahrhunderts. Ich hingegen sehe den Islamismus keineswegs als identitätsstiftend, sondern als Identitätskrücke. Die Islamisten brauchen sie als Stütze und gebrauchen sie gleichzeitig als Waffe. Ein unfähiger, verkrüppelter alter Mann, der wütend mit seiner Krücke um sich schlägt. Das ist für mich das Sinnbild des Islamismus. Die Lautstärke, mit der die Islamisten für ihre Ziele trommeln, ist für mich kein Zeichen ihrer Stärke, sondern ihrer Schwäche. Ganz wie der Rufer im Wald. Doch genau in dieser Schwäche des Islamismus liegt seine Gefährlichkeit.

Der Faschismus in den verspäteten Nationen Deutschland und Italien entstand in einer Phase, als diese Länder sich in einem Spannungsfeld zwischen ihrer eigenen kulturellen und nationalen Identität und der Weltrealität wähnten. Hier wir, dort der Rest, der uns feindlich gesinnt ist. In ähnlicher Weise stehen Muslime weltweit heute im Spannungsfeld zwischen den Ansprüchen ihrer Tradition und Religion einerseits und des Wissens und der Lebenswirklichkeit im Rest der Welt andererseits. Eine solche Asymmetrie hat die Welt in der ersten Hälfte des zwanzigsten Jahrhunderts gleich zweimal in die Ka-

tastrophe geführt. In diesem Spannungsfeld ist damals
auch der islamische Faschismus entstanden, der bis heute
viele Anhänger hat.

Egal, wie wandlungsfähig und stark der Faschismus zu
einer bestimmten Phase sein mag – er ist doch dem Untergang geweiht. Denn er kann die Stimmung und die
Umstände, die zu seinem Aufstieg geführt haben, und die
Energie und den Glauben, die ihn getragen haben, nicht
ewig aufrechterhalten. Er braucht Kriege, die ihn befeuern, Gehirngewaschene, die ihm bis zum bitteren Ende
folgen, Opfer, die andere Opfer nach sich ziehen. Am
Ende aber wird der Faschismus immer besiegt werden.
Die Frage ist nur: Wie lange dauert das? Und zu welchem
Preis erfolgt dieser Sieg? Bis der europäische Faschismus
überwunden werden konnte, hat er Europa ins Elend des
Krieges gestürzt und mehrere Millionen Tote gekostet.
Er hat Städte und ganze Landstriche verwüstet, danach
wurden aus den alliierten Siegern, die dieses Ungeheuer
besiegt hatten, jahrzehntelang kalte Krieger.

Kann dieser Kelch an der islamischen Welt vorüberge-
hen? Können sich Modernisierungs- und die Demokrati-
sierungsbestrebungen in den muslimischen Gesellschaften festigen, ohne dass die Bevölkerung in diesen Ländern den bitteren Preis bezahlen muss, den die westliche
Welt einst dafür bezahlt hat? Kann es ohne Folgen
bleiben, dass diese Gesellschaften jahrhundertelang die
Hausaufgaben nicht gemacht haben?

Das glaube ich nicht.

Zwar sind die Muslimbrüder in Ägypten vorerst mit
ihrem Ziel gescheitert, einen islamistischen Staat zu errichten, aber das bedeutet nicht das Ende des Islamismus
insgesamt. Das bedeutet nicht einmal das Ende der Mus-

limbrüder selbst, denn die sind, wie bereits erwähnt, nicht nur in Ägypten aktiv, sondern in über siebzig Staaten weltweit und verfügen über ein tragfähiges Netzwerk und Milliarden von Dollars.

Es wird aber hoffentlich immer schwieriger für Islamisten werden, irgendwo auf der Welt einen Gottesstaat zu errichten. Der Iran konnte vor 35 Jahren eine islamische Diktatur gründen und aufrechterhalten, weil er sich im Schatten des Kalten Krieges verstecken und sich mit Hilfe seines Erdölreichtums eine politische Isolation leisten konnte. Seit einigen Jahren ist es aber immer schwieriger geworden, eine solche abgeschottete Diktatur zu halten oder eine neue zu etablieren, denn die globalisierte Weltwirtschaft und die moderne Kommunikation machen es für Despoten beinahe unmöglich, ihre Gesellschaften vollkommen abzuschneiden von dem, was andernorts oder im eigenen Land vor sich geht. Cyber-Glasnost findet jenseits der Kontrolle der Machthaber statt. Auch Diktaturen wie in Nordkorea oder Turkmenistan werden sich davor auf Dauer nicht verschließen können.

Am Rande einer Konferenz in Berlin im September 2013 sprach ich mit dem amerikanischen Politikwissenschaftler Francis Fukuyama über seine These von der »End of History«. Nach dem Zusammenbruch der Sowjetunion hatte Fukuyama das Ende der Ideologien angekündigt und prophezeit, dass nur die liberale Demokratie als Option für die Nationen dieser Welt übrig bleiben würde.

Ich fragte ihn, ob dies auch für den Islamismus gelte und sich auch die islamischen Gesellschaften nun rasch demokratisieren würden. Fukuyama verneinte. Für ihn sei kein Ende des Islamismus in Sicht, weil das Frustrationspotenzial unter jungen Muslimen enorm sei und die wirtschaftliche Entwicklung der meisten islamischen Staaten nichts Gutes verheiße. Anders als in China, wo immer breitere Schichten der Bevölkerung von dem wirtschaftlichen Aufschwung und der vorsichtigen Öffnung der Märkte profitieren würden, verharrten die islamischen Staaten in einer Stagnation. Gleichzeitig würde die Bevölkerung in diesen Ländern auch dank des Internets mitbekommen, was in der Welt geschieht. Man protestiert und stürzt vielleicht sogar einen Diktator – doch nach einer Weile bemerkt man, dass dies weder wirtschaftlich von Nutzen war noch sonst irgendeinen Fortschritt gebracht hat. Revolution hin, Umsturz her, alles bleibt beim Alten. Genau das ist der Nährboden für Fundamentalismus jeglicher Art.

Islamisten können zwar keine fähigen Staaten mehr aufbauen und unterhalten, doch sie können auf den Trümmern gescheiterter Staaten Scharia-Enklaven errichten, wie im Irak, in Syrien, Libyen, Somalia, Afghanistan und Mali. In Staaten, die noch halbwegs funktionieren, sind Islamisten nach wie vor in der Lage, die Gesellschaft zu spalten und die Institutionen zu lähmen. Hinzu kommt, dass die demographische Situation in den meisten islamischen Staaten eher auf die Zunahme von Spannungen hindeutet. 65 Prozent aller Muslime sind unter dreißig. Die Arbeitslosigkeit steigt besonders unter jungen Menschen rasant. Ihre Energie und ihr Wutpotenzial sind Öl auf das Feuer der Radikalisierung. Und es sieht nicht danach aus, dass das Potenzial dieser jungen Generation bald ausgeschöpft werden könnte. Denn die Probleme in der islamischen Welt wachsen schneller als die Kapazität, diese Probleme zu lösen. Der Staat kann sich nicht ausreichend um sie kümmern, er kann ihnen keine Perspektive bieten und sie auch nicht länger durch Sicherheitsapparate abschrecken und im Zaum halten. Zum Glück. Eigentlich. Aber all diesen wankenden Mächten springen nun die Islamisten zur Seite und bieten ihre Dienste an. Die Versuchung, zuzugreifen, ist groß, geht es doch um die Bewahrung alter Pfründe. Doch selbst wenn die Islamisten ihre Unterstützung »nur« für ein kurzfristiges Projekt anbieten, werden sie ihr eigentliches Ziel – den Sieg gegen die Ungläubigen bis hin zum Tod für die Sache Gottes – nicht aus den Augen verlieren.

Islamisten glauben nicht an die Reformierbarkeit ihrer Gesellschaften durch wirtschaftliche und politische Pläne. Die Souveränität liegt bei Gott, nicht beim Volk. Sie glauben an den ewigen Kampf zwischen Gut und Böse, der mit dem Sieg des Guten enden wird. Erst wenn das Reich Gottes auf Erden errichtet ist, erst wenn alle Menschen den Islam angenommen haben, wird es Wohlstand und Frieden geben. Bis dahin gilt der permanente Dschihad.

Gleichzeitig ist die Einheit aller Muslime eine Illusion, denn es gibt so viele Glaubensrichtungen und Sekten, die sich sowohl theologisch als auch politisch nicht vertragen. Mohamed hat prophezeit, dass die Muslime sich in 72 Sekten spalten werden, 71 davon werden einer Irrlehre folgen und in der ewigen Hölle enden. Nur eine wird auf dem richtigen Pfad wandeln. Diese Gruppe nannte Mohamed »die gerettete Sekte«. Jede muslimische Glaubensrichtung und jede Sekte hält sich heute für die auserwählte und gerettete und betrachtet die anderen Muslime als Ungläubige. Hierin liegt der Ursprung des Hasses der Sunniten auf die Schiiten, die Ahmadiyya, Sufis und Aleviten. Auch innerhalb der Sunniten gibt es viele Unter-

gruppen, die miteinander nicht zurechtkommen, wie
Salafisten und Muslimbrüder, Hanbaliten, Malikiten,
Schafiiten, Hanafiten und Ashaariten. Sogar Anti-Assad-
Dschihadisten in Syrien bekämpfen sich nun gegenseitig.
Die europäische Angst vor einer Eroberung durch den
Islam ist – wenn man diese endlose Zersplitterung be-
trachtet – in gewisser Weise unbegründet. Und wenn
man es genau nimmt, sind die Muslime mehr mit sich
beschäftigt als mit dem Aufrüsten zu einem Feldzug im
Namen Allahs gegen den Westen. Sie sind sich nicht ein-
mal einig, welche Form des Islam nun die eine wahre ist.
Aber hindert sie das, sich auf die große Schlacht vorzubereiten?

In Kairo treffe ich den pensionierten Richter Mohamed
Abdel-Rasoul, der zehn Jahre lang Mitglied der Muslimbruderschaft war. Er hat alle Schriften und Verlautbarun-
gen der Bewegung gelesen und festgestellt, dass die Bruderschaft kaum Konzepte für einen Staat hat, sondern
nur darauf abzielt, ihre Mitglieder auf die letzte Schlacht
vorzubereiten. Als ich mit Abdel-Rasoul sprach, waren
die Muslimbrüder in Ägypten noch an der Macht. Aber
er prophezeite bereits: »Sie werden politisch scheitern.
Dann werden sie zum Terror zurückkehren, denn nur
damit kennen sie sich gut aus. Sie werden für den Endkampf mobilisieren, nicht nur in Ägypten. Viele werden
diesem Aufruf folgen. Nicht genügend, um die Welt zu
erobern. Aber genügend, um die Welt für ein paar Jahre
in Angst und Schrecken zu versetzen. Es war noch nie
einfacher als heute, einen jungen Muslim davon zu überzeugen, dass ein Selbstmordanschlag die beste Tat ist, die
er in seinem Leben vollbringen kann.«

Die Konflikte in Syrien, Libyen, Afghanistan, Pakistan,

im Irak, Libanon oder Jemen, der wachsende Fundamentalismus in den Golfstaaten und der Glaubenskrieg zwischen Iran und Saudi-Arabien, all das bereite den Boden für eine neue Welle der Radikalisierung, die viel größer sein werde als alle anderen zuvor. Weil diese Konflikte sich nicht nur innerhalb der Grenzen der islamischen Welt abspielten, sondern nach Europa und Nordamerika herüberschwappten und auch dort für eine Zunahme der Radikalisierung sorgten. Abdel-Rasoul meint, dass die Islamisten im Westen sogar leichteres Spiel hätten. Sie könnten sich dort freier organisieren und neue Anhänger rekrutieren, weil sie weder den Repressionen eines Polizeistaates ausgesetzt seien noch sich um finanzielle Probleme Sorgen machen müssten. Wer keinen Job habe, beziehe Sozialhilfe – und die radikalen Organisationen selbst bezögen schließlich saftige Spenden aus den Golfstaaten.

Fukuyama und Abdel-Rasoul sind sich einig darin, dass das Ende der Ideologien nicht auf den Islamismus zutrifft. Ein Grund dafür ist das Scheitern der islamischen Staaten. Aber reicht das als Begründung aus?
Der Nationalsozialismus in Deutschland wurde nach zwölf Jahren besiegt. Der Kommunismus hielt sich immerhin zweiundsiebzig Jahre lang. Der Islamismus erobert trotz mehrerer Niederlagen immer wieder neues Terrain und neue Anhänger – weil er sich auf einen göttlichen Auftrag beruft, der für viele Muslime bindend ist. Aus meiner Sicht kommt aber noch etwas anderes hinzu. Druck von außen hat den Faschismus in Deutschland und Japan in die Knie gezwungen. Es war eine militärische und moralische Niederlage zugleich. Eine Nieder-

lage, die mit der Zeit als solche auch akzeptiert wurde und zu einer Neuausrichtung führte. Es dauerte ein wenig, aber die Bevölkerung erlag auf lange Sicht nicht der Verführung, die Alliierten für die eigene Misere verantwortlich zu machen. Dresden, München, Hamburg und Berlin lagen in Schutt und Asche, aber der Impuls, die feindlichen Bomberstaffeln dafür verantwortlich zu machen, war kein langer. Irgendwann folgte die Erkenntnis, dass der Krieg, den die Nazis entfesselt hatten, kein gerechter gewesen war. In Hiroshima und Nagasaki war die Verheerung noch größer, dennoch fanden die Rufer nach Rache kaum Gehör.

Manche Deutsche waren von Anfang an glühende Nationalsozialisten, manche wurden es nach den raschen Erfolgen der Kriegszüge, andere arrangierten sich mit dem Regime. Es dauerte, bis man im Rahmen der Aufarbeitung zu dem Punkt kam, an dem nicht nur Hitler und seine Schergen – also »die anderen« – verantwortlich gemacht wurden, sondern man erkannte, dass man selbst etwas dazu beigetragen hat. Aktiv oder durch Schweigen. Und dass das faschistische Gedankengut, der Rassenwahn und das daraus entstandene Menschenbild, gegriffen hat. Es war ein langer und vielleicht nicht immer freiwilliger Bewusstwerdungsprozess. Aber er hat stattgefunden.

Und genau das ist der Unterschied zum Islamismus. Die Islamisten haben weder jemals vergleichsweise verheerende militärische noch moralische Niederlagen erlebt. Weder der Druck von außen noch von innen war jemals so groß, dass man seine Überzeugungen überprüfen musste. Aus Sicht der Islamisten ist das ja auch nicht nötig, »die anderen« befinden sich schließlich auf dem Irrweg.

Die Muslimbruderschaft wurde dreimal in der Geschichte Ägyptens verboten: in den vierziger und fünfziger Jahren und im Jahr 2013. Doch das Gedankengut und die Geisteshaltung, die zur Entstehung der Bewegung beigetragen haben, sind nie ausgetrocknet worden. Sie finden sich in fast jedem Schulbuch. Die Unantastbarkeit der Religion war die Hintertür, durch die diese Vereinigung immer wieder den Weg zurück in die Mitte der Gesellschaft gefunden hat. Das Prinzip des Dschihad als eine gottgewollte Praxis, der Traum vom Sieg des Islam, die Einstufung Ungläubiger als Untermenschen – all das ist nach wie vor Bestandteil des Bildungskanons in den meisten islamischen Staaten. Die selektive Lesart der Geschichte, die Reproduktion der ewig gleichen Feindbilder und der Glaube an die Auserwähltheit der Muslime und deren moralische Überlegenheit dem Rest der Menschheit gegenüber führt zu einer Haltung, die das Fundament für den Terrorismus bildet.

Auch wenn viele Muslime gegen die Muslimbruderschaft oder die Salafisten sind, wollen sie sich doch von der Idee eines islamischen Staates nicht gänzlich verabschieden. Sie glauben, die Idee an sich sei richtig, nur an der Implementierung habe es bisher gehapert. Manche sehen keine Verbindung zwischen der Geisteshaltung des Islamismus und dem Anspruch des Islam an sich. Sie wollen zwar die Demokratie, wollen aber gleichzeitig, dass der Islam diese Demokratie gestaltet. Das klingt wie das Modernisierungsexperiment jenes Mannes, der einen neuen Mercedes kauft, den Motor entfernt und den Wagen anschließend von zwei Eseln ziehen lässt.

In solchen Selbsttäuschungen liegt ein Grund dafür, dass der Islamismus immer wieder in der Lage ist, alten Wein

in neuen Schläuchen zu verkaufen. Der islamistische
Traum ist noch lange nicht ausgeträumt.

In Japan war eine Modernisierung und Demokratisie-
rung erst möglich, als das Volk nach dem Krieg den
Kaiser aus dem Himmel geholt und zu einem irdischen
Wesen gemacht hat. Davor waren Scharen von Selbst-
mordfliegern bereit, ihr Leben für den Kaiser und für
einen sinnlosen Krieg zu opfern und dabei »Tenno ban-
zai« zu rufen. In der islamischen Welt wagt es bis heute
keiner, die Macht des »himmlischen Kaisers« in Frage zu
stellen, geschweige denn, ihn zu Fall zu bringen. Es fällt
vielen Muslimen schwer zu erkennen, dass Freiheit und
Demokratie sich nicht vertragen mit dem Gedanken,
dass der Mensch durch ein himmlisches Wesen fernge-
steuert wird. Es fällt ihnen schwer zu erkennen, dass
nicht der Glaube eines Menschen, sondern seine Taten
entscheidend sind und dass keine Ideologie es wert ist,
dafür zu töten oder das eigene Leben hinzugeben.

Anhang

Literatur- und Quellenverzeichnis

Abdel-Samad, Hamed: Der Untergang der islamischen Welt. Eine Prognose, Droemer Verlag, 2010

Akhavi, Shahrough: Religion and Politics in Contemporary Iran, State University of New York Press, 1980

Al-Banna, Hassan: rasa'el al-imam al-shahid hassan al-banna, dar al-daa'wa, Kairo 2008

Al-Hariri, Abou Mousa: qiss wa nabi, bahth fi nasha'at al-islam, Beirut 2001

Al-Kharabawi, Tharwat: sirr al-maa'bad, Kairo 2010

Al-Kharabawi, Tharwat: qalb al-ikhwan, Kairo 2011

Al-Namnam, Hilmy: hassan al-banna allathi la yaa'rifuhu ahad, Madbouli Verlag, Kairo 2011

Al-Rasafi, Marouf: al-shakhsiyya al-muhammadiyya, Al-Kamel Verlag 2002

Al-Sadat, Anwar: al-bahth a'n al-that, Kairo 1998

Al-Tabari, Abi Gaa'far Mohamed Ibn Jarir: tarikh al-umam wal-muluk (1–3), Beirut 1988

Amin, Ahmed: Fajr al-Islam, Beirut 2000

Amin, Ahmed: Duha al-Islam, Beirut 2000

Arendt, Hannah: Elemente und Ursprünge totaler Herrschaft: Antisemitismus. Imperialismus. Totale Herrschaft, Piper Verlag 1991

Ashmawi, Ali: a-ttarih a-ssirri lil-ikhwan al-muslimin, Kairo 2006

Aslan, Reza: Kein Gott außer Gott. Der Glaube der Muslime von Muhammad bis zur Gegenwart, Piper Verlag 2008

Benz, Wolfgang: Geschichte des Dritten Reiches, Deutscher Taschenbuch Verlag 2003

Blaker, Carmen: Japanese Enlightenment, A Study of the Writings of Fukuzawa Yukichi (University of Cambridge oriental publications No. 10) Cambridge University Press 1964

Brenner, Michael: Geschichte des Zionismus, C. H. Beck Verlag 2002

Brenner, Michael: Kleine jüdische Geschichte, C. H. Beck Verlag 2008

Brynjar, Lia: Society of the Muslim Brothers in Egypt: The Rise of an Islamic Mass Movement, 1928–1942, Garnet Publishing 1999

Ceylan, Rauf & Kiefer, Michael: Salafismus: Fundamentalistische Strömungen und Radikalisierungsprävention, Springer VS 2013

Constable, Olivia R: Medieval Iberia, University of Pennsylvania Press 1997

Courbage, Youssef & Todd, Emmanuel: Die unaufhaltsame Revolution. Wie die Werte der Moderne die islamische Welt verändern, Piper Verlag 2007

Denon, Vivant & Arndt, Helmut: Mit Napoleon nach Ägypten 1798–1799, Erdmann Verlag 2006

Der Koran, arabische Ausgabe, Medina 2009

Diner, Dan: Versiegelte Zeit. Über den Stillstand der islamischen Welt, List TB 2007

Eco, Umberto: Vier moralische Schriften, Deutscher Taschenbuch Verlag 1999

Eichner, Heidrun (Hrsg.): Averroes: Mittlerer Kommentar zu Aristoteles' De generatione et corruptione, Schöningh 2005

Fromm, Erich: Die Furcht vor der Freiheit, Ullstein 1989

Göbel, Karl-Heinrich: Moderne schiitische Politik und Staatsidee, Schriften des Deutschen Orientinstituts, Opladen 1984

Habermas, Jürgen: Glauben und Wissen, Suhrkamp Verlag 2001

Heggy, Tariq: suguun al-fikr al-arabi, Dar Merit, Kairo 2010

Herf, Jeffry: Nazi Propaganda for the Arab World, Yale University Press 2010

Himpele, Klemens: Antisemitismus in arabischen Staaten: Eine Einführung, vdm Verlag Dr. Müller 2008

Hottinger, Arnold: Bonaparte in Ägypten: Aus der Chronik des Abdelrahman Al-Gabarti, Piper Verlag 1989

Ibn Ishaq: Das Leben des Propheten, Spohr Verlag 2004

Ibn Khaldun: Buch der Beispiele, al-muqaddima, Reclam Verlag Leipzig 1997

Jonker, Gerdien & Hecker Pierre: Muslimische Gesellschaften in der Moderne. Ideen, Geschichten, Materialien, Studien Verlag Wien 2007

Kepel, Gilles: Das Schwarzbuch des Dschihad: Aufstieg und Niedergang des Islamismus, Piper Verlag 2002

ders.: The Prophet and Pharao – Muslim Extremism in Egypt. London 1985

Khomeini, Ayatollah: Der islamische Staat, Islamkundliche Materialien 9, Berlin 1983

Krämer, Gudrun: Hasan al-Banna (Makers of the Muslim World), Oneworld Publications 2009

Krebs, Gerhard: Das moderne Japan 1868–1952: Von der Meiji Restauration bis zum Vertrag von San Francisco, Oldenburg Verlag 2009

Kuhn, Axel: Die Französische Revolution, Reclam Verlag Leipzig 1999

Kurzmann, Charles: The Unthinkable Revolution in Iran. Harvard University Press 2004

Le Figaro, Ausgabe vom 14. Oktober 1978

Lewis, Bernard: Die Wut der arabischen Welt. Warum der jahrhundertlange Konflikt zwischen Islam und dem Westen weiter eskaliert, Campus Verlag 2003

Luxenberg, Christoph: Die Syro-aramäische Lesart des Koran. Ein Beitrag zur Entschlüsselung der Koransprache, Schiller Verlag, 3. Auflage 2007

Mallmann, Claus M. & Cüppers, Martin: Halbmond und Hakenkreuz: Das »Dritte Reich«, die Araber und Palästina, Primus Verlag, 3. Auflage 2010

Matussek, Carmen: Der Glaube an eine »jüdische Weltverschwörung«: Die Rezeption der »Protokolle der Weisen von Zion« in der arabischen Welt, Lit-Verlag 2012

Maul, Thomas: Sex, Djihad and Despotie, ca-ira Verlag 2010

McGregor, Andrew James: A Military History of Modern Egypt from the Ottoman Conquest to the Ramadan War, Praeger Security International 2006

Meddeb, Abdelwahab: Die Krankheit des Islam, Unionsverlag 2007

Nagel, Tilman: Die islamische Welt bis 1500, Oldenbourg Verlag 1998

Nirumand, Bahman: Mit Gott für die Macht. Rowohlt Verlag 1989

Nolte, Ernst: Das 20. Jahrhundert: Die Ideologien der Gewalt, Herbig 2008

Nolte, Ernst: Der Faschismus in seiner Epoche: Action française, italienischer Faschismus, Nationalsozialismus, Piper Verlag 2008

Nolte, Ernst: Die dritte radikale Widerstandsbewegung: der Islamismus, Berlin 2009

Plessner, Helmut: Die verspätete Nation, Suhrkamp 2001

Qutb, Sayyid: al-mustaqbal lihatha al-din, Al-Shorouk Verlag, Kairo 2005

Outb, Sayyid: ma'alim fi at-tariq, Al-Shorouk Verlag, Kairo 1973

Ramadan, Tariq: Radikale Reform. Die Botschaft des Islam für die moderne Gesellschaft, Diederichs Verlag 2009

Reich, Wilhelm: Die Massenpsychologie des Faschismus, Anaconda Verlag 2011

Roy, Olivier: Failure of political Islam, Tauris 1994

Roy, Olivier & andere: Der islamische Weg nach Westen: Globalisierung, Entwurzelung, Radikalisierung, Pantheon Verlag 2006

Salsal, Boualem: Allahs Narren: Wie der Islamismus die Welt erobert, Merlin Verlag 2013

Sartre, Jean Paul: Das Sein und das Nichts. Versuch einer phänomenologischen Ontologie, Rowohlt Verlag 1991

Schieder, Wolfgang: Der italienische Faschismus: 1919–1945, C. H. Beck Verlag 2010

Schulze, Reinhard: A Modern History of the Islamic world, Tauris 2002

Spiegel Geschichte Nr. 2/2010

Taheri, Amir: Chomeini und die islamische Revolution, Hoffmann und Campe 1985

Taheri, Amir: The Persian Night: Iran under the Khomeinist Revolution, Encounter Books 2010

Tibi, Bassam: Vom Gottesreich zum Nationalstaat: Islam und panarabischer Nationalismus, Suhrkamp TB Wissenschaft 1987

Waldmann, Peter: Determinanten des Terrorismus, Velbrück Verlag 2005

Wezler, Harald: Klimakriege. Wofür im 21. Jahrhundert getötet wird, S. Fischer Verlag 2008

Wolf, Christian: Die ägyptische Muslimbruderschaft. Von der Utopie zur Realpolitik, Diplomica Verlag 2008

Danksagung

Dank gilt meiner Lektorin, Heike Gronemeier, für die hervorragende Arbeit. Alexander Simon und Stefan Ulrich Meyer für die vielen bereichernden Diskussionen und Nachfragen. Und ein großes Dankeschön meinen Gesprächspartnern in Ägypten, Tunesien, Marokko, im Libanon, in Deutschland, Großbritannien und in der Schweiz.

Besonders danken möchte ich: Mohamed Abdel-Rasoul, Mo'men Abdrabbo, Mariam Abdullah, Khaled Al-Berry, Mo'men Al-Muhammadi, Kacem El-Gazzali, Hani Fahs, Imad Iddine Habib, Lamya Kaddor, Frank A. Meyer, Shahin Najafi, Said Nashid, Hazem Saghiya, Waddah Sharara, Adel Taouil, Nadya Zarrougi.

Anmerkungen

1   Zitiert nach: Jeffrey Herf (Hrsg.): »Hitlers Dschihad. Natio-
    nalsozialistische Rundfunkpropaganda für Nordafrika und
    den Nahen Osten«. In: Vierteljahreshefte für Zeitgeschichte,
    S. 259–286, Oldenbourg, München April 2010

2   Nachzulesen im offiziellen Online-Archiv der Muslimbrü-
    der unter www.ikhwanwiki.com

3   Sayyid Abul Ala Maududi: Als Muslim leben. Karlsruhe
    1995, S. 268

4   Sayyid Abul Ala Maududi: Weltanschauung und Leben im
    Islam, München 1994, S. 156

5   Jeffry Herf: Nazi Propaganda for the Arab World, Yale Uni-
    versity Press, 2010, S. 255 f.

6   Karl-Heinrich Göbel: Moderne Schiitische Politik, Ham-
    burg 1984, S. 176

7   Ayatollah Khomeini: Der islamische Staat. Berlin 1983, S. 34

8   Tribüne, Heft 196, 4. Quartal 2010